KB071477

기업가정신을 넘어, 미래사회의 혁신역량

앙트러프러너십 어떻게 키울까

박수홍 · 조영재 · 문영진 · 김미호
김효정 · 배진호 · 오동주 · 배유나 공저

학지사

이 저술 연구는 부산대학교 교육학과 BK21플러스 사업단 미래지향적 교육디자이너 양성사업단의 지원을 받아 진행되었고, 2017년 정부(교육부)의 재원으로 한국연구재단의 지원(NRF-2017S1A3A2067778)을 받아 제작되었습니다.

저자 서문

"There is nothing so practical as a good theory."

'좋은 이론만큼 더 실제적인 것은 없다.'라는 믿음에서 책을 저술하게 되었다. 1990년대 중반 인디애나 대학교 Kelly School에서 MBA 과목 중 'Entrepreneurship and new venture creation'이란 수업을 수강하면서 처음으로 앙트러프러너십이라는 개념을 이해하고 관심을 갖게 되었다. 그 후 액션러닝, 디자인싱킹과 같은 실행학습(Learning by doing) 방식으로 대학생과 대학원생을 대상으로 한 수업에서 앙트러프러너십을 기르려는 무수한 시도를 하였고, 특히 이 분야에서 세계 1위인 뱁슨 대학에서 운영하는 SEE(Symposium on Entrepreneurship Educator) 연수 참여를 통해 앙트러프러너십을 길러 줄 수 있는 방법에 대하여 자신감을 갖고 세련화할 수 있는 기회를 가졌다.

시간이 지남에 따라 앙트러프러너십이야말로 우리나라의 정치, 경제, 교육, 문화, 예술을 포함한 모든 영역에서 새로운 혁신이 발현되고 선진화된 성장이 일어나도록 하기 위해 필요한 혁신역량이라고 확신하게 되었다. 따라서 이 책의 주안점은 단순히 앙트러프러너십의 개념과 원리가 무엇인가를 알아보기 위한 것이 아니다. 그보다는 어떻게 하면 이러한 역량을 키워 줄 수 있는 방법을 찾을 수 있는지를 알리고, 또 앞서 언급한 여러 영역에서 앙트러프러너십이 개발될 수 있는 실제 실천 방법을 발굴하여 제시하는 것에 주안점을 두었다.

전체적인 책의 구성은 다음과 같다.
제1부에서는 4차 산업혁명시대의 혁신역량인 앙트러프러너십의 개념, 원

리 및 관련된 이론적 근거에 대하여 진술하였다. 앙트러프러너십은 네 가지 핵심 요소, 즉 공감적 문제발견, 창의적 문제해결, 구현, 사회적 파급이 반드시 포함되어야 하는 복합 개념이다. 기존의 저술에서 그 근거를 찾는 슘페터와 드러커를 뛰어넘어, 철학자 니체의 사상을 접목했다는 점에서 차별화했다고 할 수 있다.

제2부의 '앙트러프러너십 역량개발 프로세스'는 '공감적 문제발견'부터 시작된다. 한 개인만의 주관적 문제인식을 넘어 다수가 공감하는 문제를 발견하여 창조적 아이디어를 창출해 냄으로써 사회적 영향력을 가지는 문제해결의 실행력으로 이어질 수 있다. 공감적 문제의 발견을 위해 문제의 상황과 사용자에 대한 관찰, 인터뷰, 현장체험을 하게 되는데, 이 과정은 CATWOE(Customers, Actors, Transformation process, World view, Owners, Environmental constraints)를 이용한 문제 요소의 면밀한 검토를 통하여 이루어진다. 이후 선택한 문제영역의 유사성과 커리어앵커 검사에 의한 구성원의 특성 정보에 따라 파운딩 팀을 구성하고 팀 빌딩을 하게 된다.

파운딩 팀을 형성하면 '창의적 문제해결'을 통해 창의적 원인을 분석하고 혁신적 솔루션을 개발한다. 이를 통해 공감한 문제의 다양한 원인을 찾고 그 해결책을 실현하는 실천과정에서 창의적이고 혁신적인 솔루션을 개발할 수 있다. 이 책에서 '창의적 원인 분석'의 과정은 연화도법과 와이파이, 어골도, 히트기법, 의사결정 그리드, 실제적 만남을 통해 창의적 사고를 구현할 수 있도록 구성하였다. 또한 혁신적 솔루션 개발을 위한 익명그룹기법(NGT: National Group Technique), 아시트(ASIT: Advanced Systematic Inventive Thinking), 마인드맵, 특허정보, 전략 캔버스 등의 기법을 소개하였다.

창의적 문제해결 과정이 끝나면 '구현'을 통해 실제적 산출물을 생산해 낸다. 우선, 비즈니스 모델 캔버스(BMC: Business Model Canvas)를 작성함으로써 아이디어를 구현하기 위한 실제적 구상도를 파악할 수 있다. 비즈니스 모델 캔버스를 통해 핵심 문제부터 해결책에 이르기까지 열한 가지 과정을 소개하고 있다. 실행계획서 작성하기는 액션플랜을 통해 문제해결방안을 순서대로 계획하는 것이다. 래피드 프로토타이핑은 아이디어와 소통을 돕고 설계 중인 모델의 효과를 검증받음으로써 시간과 노력을 절감하는 방법이다. 이를 구현하는 방법으로 스케치, 페이퍼 프로토타입, 와이어프레임, 스토리보드, 3D 프린팅 등을 소개하였다. 발표 및 피드백 평가하기는 지금까지의 활동 결과를 소개하고, 상호 피드백을 통해 개선 및 보완점을 발견하는 시간이다. 체크리스트와 프로토타입 인터뷰를 소개함으로써 앙트러프러너십 구현을 위한 다양한 평가와 피드백 활동이 일어날 수 있도록 하였다.

'사회적 파급'을 통해 공감적 문제발견부터 창의적 문제해결, 구현까지의 모든 과정이 사회적으로 어떻게 영향력을 끼치며 파급효과를 나타낼 수 있는지 다룬다. 이 책에서는 크라우드 펀딩을 통해 실제 아이디어가 공식 투자를 받고 생산, 유통, 판매되는 차원에서의 사회적 파급을 소개하였다. 또한 공모전이나 경진대회를 통해 사회적 파급의 가능성을 검증받을 수 있음을 보여 주었다. 부록에서는 대학현장에서 앙트러프러너십 육성과정이 실제 수업에 어떻게 적용되었는지와 함께 공모전 및 경진대회, 지역사회 활동 등으로 나타난 파급효과를 소개하였다.

제3부 '앙트러프러너십 영역별 사례'에서는 앙트러프러너십이 인간 삶의 모든 영역에 적용되는 역량이라는 점에서 사회, 정책, 교육, 국방, 종교, 기업, 문화 예술 영역으로 구분하여 각각의 영역에 따른 사례를 인물과 사회적 업적 위주로 소개하였다.

이 책이 나올 수 있도록 독려해 주신 학지사 김진환 사장님 이하 편집 담당자께 감사를 표한다. 또한, 원고 작업과 편집에 수고를 아끼지 않은 부산대학교 LbD 연구회 회원들에게 감사를 표하고 싶다.

공동저자 대표 박수홍

차례

□ 머리말 _ 3

제1부 앙트러프러너십이란 무엇인가

01 4차 산업혁명시대와 앙트러프러너십 / 11

02 앙트러프러너십의 개념 / 19

03 앙트러프러너십의 핵심 프로세스 / 27

04 앙트러프러너십의 사회 혁신 사례 / 33

05 앙트러프러너십의 대학 혁신 사례 / 38

제2부 앙트러프러너십 역량개발 프로세스

06 공감적 문제발견 / 49

07 창의적 문제해결 / 62

08 구현 / 84

09 사회적 파급 / 101

제3부 앙트러프러너십 영역별 사례

10 사회 앙트러프러너십 사례 / 106

　　무하마드 유누스/아라빈드 병원/세종대왕

11 정책 앙트러프러너십 사례 / 124

　　징기스칸/셉테드/동인도회사

12 교육 앙트러프러너십 사례 / 136

　　코메니우스/메리 고든/미네르바 스쿨

13 국방 앙트러프러너십 사례 / 152

　　이순신/다윗

14 종교 앙트러프러너십 사례 / 161

　　마르틴 루터/원효대사

15 기업 앙트러프러너십 사례 / 172

　　자포스/넷플릭스/프라이탁/스티치 픽스/버치박스

16 문화 예술 앙트러프러너십 사례 / 200

　　앤디 워홀/난타/NYC Garbage

□ 부록 1 앙트러프러너십 역량개발 사례 / 221

□ 부록 2 개인의 앙트러프러너십 점검표 / 231

□ 부록 3 앙트러프러너십 프로그램의 사후평가 / 234

□ 참고문헌 _ 239

제1부

앙트러프러너십이란 무엇인가

01 4차 산업혁명시대와 앙트러프러너십

02 앙트러프러너십의 개념

03 앙트러프러너십의 핵심 프로세스

04 앙트러프러너십의 사회 혁신 사례

05 앙트러프러너십의 대학 혁신 사례

01 4차 산업혁명시대와 앙트러프러너십

지금 우리는 4차 산업혁명이라는 새로운 패러다임을 맞이하고 있다. 4차 산업혁명시대의 환경은 사물인터넷(IoT)과 인공지능, 빅데이터를 통한 CPS(Cyber Physical System)와 O2O(Online to Offline) 플랫폼이 중심이 된다.

4차 산업혁명시대 사회의 모습을 그려 보기 위해서는 우리가 일상에서 자주 접하는 현상에서 출발하는 것이 이해가 빠를 것이다. 예를 들어, 우리가 흔히 접하는 자동차 내비게이션 시스템이 있다. 내비게이션 시스템은 물리적 도로 공간을 사이버 공간에 그대로 구현해 놓은 것으로, 사용자가 원하는 목적지를 입력하면 최단 거리와 시간을 예측해서 운전을 안내해 주는 시스템이다. 이것을 가능하게 한 것은 현실 공간과 위치를 잡아 주는 GPS 기술, 거리와 시간을 예측해 주는 수학적 알고리즘이다.

자동차가 다니는 도로에서는 다양한 외부환경 변화(도로상의 돌발사건 등)를 사물인터넷(IoT)을 통해 센싱(sensing)하여 빅데이터를 얻을 수 있다. 만약 내비게이션 시스템에서 이러한 빅데이터를 실시간으로 인공지능이 분석, 추론 및 판단하여 자동차를 제어할 수 있다면 4차 산업혁명시대의 핵심인 CPS 또는 O2O 교통안내 환경이 구현되는 것이다. 즉, 우리가 살고 있는 물리적 공간 속의 모든 것을 사이버 시스템으로 전환시켜서 인공지능을 통해 최적의 상태를 추출하여, 물리적 세계에 적용하는 것과 같다.

동일한 논리가 공장, 학교, 병원, 가정, 비즈니스 등 사회 전 영역에 확대된다면 스마트 팩토리, 스마트 스쿨, 스마트 병원, 스마트 홈, 스마트 비즈니스 등의 새로운 세상이 탄생하게 되는 것이다. 영역 내 또는 영역 간의 연결과 융합이 이루어진다면 이전에 존재하지 않았던 무한한 가용 자원과 그로 인한 엄청난 기회

(창업, 창직)가 창출될 수 있다.

일각에서는 4차 산업혁명시대에 인공지능과 로봇이 일자리를 앗아 갈 수 있다는 위기감을 표명하고 있다. 과연 그럴까? 지금까지의 역사를 되돌아보면, 1차, 2차, 3차 산업혁명을 거쳐 오면서 기술혁명이 일자리 총량을 줄인 경우는 없다. 특히 기계에 의한 자동화가 사람의 일자리를 빼앗아 갈 수 있다는 불안감으로 인해 표출된 러다이트 운동(1800년대의 기계 파괴 운동)과 같은 역사적 사건들이 곳곳에서 발생했지만, 실제 통계상에서 기술혁신이 일자리의 총량을 줄어들게 했다는 증거는 없다. 오히려 줄어든 직업을 새로운 직업으로 상쇄하고도 남을 만큼의 더 많은 일자리가 나온 것을 확인할 수 있다. 비록 기존의 일자리가 줄어들 위험이 존재하지만, 새로운 일거리 창출로서의 창직(job creation)과 창업(start-up)의 거대한 물결이 밀려올 것이란 점에 주목해야 한다.

종래의 표준화된 지식을 기반으로 한 직업들은 인공지능과 로봇에 의해 대체될 가능성이 높다. 따라서 새로운 일자리를 만들어 내기 위해서는 기존 제품이나 서비스를 개선하고 최적화(예: 마른 수건을 짜는 방식)하는 방식이 아니라 완전히 새로운 형태의 사업모델(예: 우버, 에어비앤비), 즉 새로운 형태의 역량을 길러 내야 한다. 이러한 맥락에서 새로운 판을 짜야 하는 4차 산업혁명시대의 혁신역량인 앙트러프러너십(Entrepreneurship)은 점점 더 중요해지고 있다.

앙트러프러너십의 본질은 일상의 반복되는 현상에서 새로운 의문, 가령 '하루에 밥을 왜 3번 먹어야 하는가?' '학교는 매일 가야만 하는가?' 등의 공감적 문제(empathetic problem)를 발견해 내고, 그 문제에 상응하는 새로운 아이디어(creative idea)를 토대로, 새로운 결과물(artifact)이나 시스템을 만들어 내어(invention), 이를 통해 사회변혁(social impact)을 이끌어 내는 역량이다. 따라서 앙트러프러너십은 네 가지 핵심 요소인 공감적 문제발견, 창의적 아이디어 생성, 구현, 사회적 파급이 반드시 포함되어야 하는 복합 개념이다. 즉, 앙트러프러너는 단순히 창의적이거나 발명적인 차원을 넘어서 다수의 수혜자에게 영향을 끼치는 혁신적 파급을 이끌어 내는 사람이다.

피터 드러커가 주장하듯이, 앙트러프러너십은 타고나는 것이 아니라 훈육되고 학습될 수 있는 역량이다. 따라서 앙트러프러너십의 개발을 위해서는 결국 효과적인 커리큘럼이나 프로그램이 핵심이라고 할 수 있다.

독창성과 혁신은 오늘날 우리 사회의 DNA를 이전과는 완전히 다르게 바꾸어 놓았다. 인류는 긴 역사의 마디마다 새로운 창조의 숨결을 새겨 놓으며 스스로를 부정하고 극복하며 다시 태어났다. 그 역사의 변혁과정에는 늘 시대 속에서, 세대를 넘어서고자 했던 혁신가들이 있었다. 그 혁신가들이 추구한 것은 당시 불완전하고 불가능하게만 보였던 새로운 가치와 이상이었다. 그들은 세상을 다르게 보는 사람들이었다. 사람들은 그들을 부적응자, 이상주의자, 반항아라고 불렀다. 그들은 규칙을 싫어하고 현실에 적응하려 하지 않았다. 그럼에도 사람들은 그들을 무시할 수 없었다. 그들이 세상을 바꾸기 때문이다. 그들은 발명하고, 상상하고, 치유하고, 탐험하고, 창조하고 영감을 주었다. 그렇게 그들은 자신들의 가치를 일상에 구현하여 새로운 질서와 규칙을 만들었다. 우리는 그들을 앙트러프러너라고 부른다.

그들은 일상의 소소하고 아무 변화 없어 보였던 기존의 질서를 예술, 철학 그리고 사회적 행동으로 바꾸었다. 마침내 그들이 만지는 것은 무엇이든 영혼을 갖게 되고 세상을 바꾸어 놓았다. 그들이 추구하는 새로운 가치는 새로운 문화와 창조적인 오리지널이다. 가치는 그 시대를 반영하기도 하지만 동시에 그 시대를 이끌어 가는 힘이 있다. 혁신을 통해 가치를 창출하고 사회를 변화시켜 가는 원동력을 앙트러프러너십이라고 한다. 앙트러프러너십은 독특한 아이디어를 도입하고 발전시키는 독창성과 그것을 달성할 수 있는 실행력과 사회적 영향력을 모두 포함하는 개념이다.

지성적으로는 새로운 지식의 창출과 생산이 일반화되는 사회구조를 전제로 해야 하고, 산업과 사회 측면에서는 지금까지 경험하지 못한 정교화, 효율화, 지능화, 융합화의 상황을 고민해야 한다.

산업 간의 경계가 모호해지고, 데이터가 공유되며, 생산과 소비의 간격이 허물어지는 시대이다. 인류에게 익숙한 대량 생산과 대량 소비가 앞으로는 개개인의 삶에 근거한 맞춤형 생산, 맞춤형 소비로 변하고, 빅데이터와 인공지능 등의 기술이 우리 삶의 구석구석 밀접히 연관될 것이다. 앞으로의 사회는 연결과 지능을 중심으로 새로운 산업혁명이 일어날 것이고 그것은 초연결 사회를 가져올 것이다. 무엇보다도 '연결(connectivity)'이 핵심인 사회이다. 인간의 역사는 연결을 확대해 온 역사로도 설명된다. 인간은 기술의 발전과 융합을 통해서 연결의 폭과 깊이를 한층 더해 왔다. 이 거대한 변화 앞에 우리는 어떤 가치에 대해 성찰하고 행동해야 할지 고민해야 한다.

다음은 앙트러프러너가 가진 속성이다. 이를 통해 그 개념을 이해하고 우리 일상에서 앙트러프러너십을 어떻게 발현할 수 있는지를 생각해 보자.

① 앙트러프러너는 창조적 실천가이다

창의적 사고는 머릿속에 머문다. 하지만 창의적 사고를 실천할 때는 우리의 일상이 달라질 수 있다. 글쓰기는 '쓰기'이고, 그림 그리기는 '그리기'이며, 광고나 영화 만들기는 '만들기'이고, 작곡하기, 노래하기 또한 모두 '하기'이다. 창의성은 '하기'를 통해 이 세상에 모습을 드러낸다. 모습을 드러내기 전에는 그것이 창의적인지 아닌지 누구도 단정할 수 없다.

동양의 불교에서는 '돈오점수'를 말하며 실천과 수행을 강조하였고, 또 서구 정신의 뿌리와도 같은 성경에는 '영혼이 없는 몸이 죽은 것 같이 행함이 없는 믿음은 죽은 것'이라는 구절이 있다. 실패하지 않는 사람은 아무것도 하지 않는 사람이다.

우리는 어릴 때 수도 없이 넘어지면서 걷는 데 천재가 되었다는 것을 잊지 말아야 한다. 그 누구도 넘어지고 일어나라는 명령에 따른 것이 아니다. 스스로 하려고 해서 이룬 일이다. 실패를 하고도 딛고 일어서는 사람들은 그 실패마저도 즐겁다. 실행을 통해 성공에 한 걸음 더 다가설 수 있는 '무언가'를 배운 기회였기 때문이다. 이렇듯 **앙트러프러너는 실천을 통해 창의성을 발현해 가는 존재**이다.

② 앙트러프러너십은 타고난 재능이 아니라 끊임없는 훈련과 다양한 경험과 성찰을 통해 길러지는 역량이다

우리는 창의성을 동력 삼아 세상을 바꾸는 창시자들에게 감탄하면서, 그들은 우리와는 태생부터 다른 사람이라고 생각하는 경향이 있다. 즉, 많은 사람이 혁신가라 할 수 있는 앙트러프러너는 타고나는 것이라는 편견을 가지지만 기실 앙트러프러너는 타고나는 것이 아니라 경험과 성찰을 통해 지속적으로 길러지는 역량이다.

모든 앙트러프러너는 늘 문제의식을 가지고 있는 사람이다. 자신에게 주어진 도전을 마주하고 남들이 보지 못했던 것을 발견하여 의미 있는 변화를 세상에 남기는 사람이다. 그러한 변화는 이전에 한 번도 생각해 보지 못하고 느끼지 못했던 것을 자극해서 우리의 감각과 인식의 지평을 넓혀 주는 통로가 된다. 우리는 경험에 갇혀 살기 쉽다. '내가 해 봐서 아는데' 하는 태도는 자신의 경험을 절대시하고 새로운 변화를 거부하는 것이다. 이러한 태도는 크고 넓은 세상을 좁고 편협하게 만든다. **앙트러프러너는 과정에 있는 사람**이다. 끊임없이 완성을 추구해 가며 새로운 아이디어와 실천을 통해 세상을 의미 있게 만들어 가고 동시에 자기 자신을 사랑하며 넓게 살아가는 사람이다.

③ 앙트러프러너는 새로운 시각을 가진 프레임 체인저이다

앙트러프러너는 일상의 상식화된 현상에 대하여 의문을 품고 새로운 시각으로 현상을 재해석하는 프레임 체인저(Frame Changer)이다. 예를 들어, 앤디 워홀은 팝아트를 창시한 예술적 영역에서의 앙트러프러너이다. 앤디 워홀은 캠벨 수프, 코카콜라, 미키마우스, 마릴린 먼로 등 소위 순수예술 밖에 있던 삶의 하찮은 부스러기들에 예술의 축성을 내렸다.

지금은 우리 모두가 고흐의 작품에 친숙하지만, 발표되던 당시 고흐의 작품은 너무 낯설어서 제대로 팔리지 않았다. 고흐가 그린 것은 늘 주변에 있는 평범한 사물들이다. 의자, 자기가 머물던 집과 방, 낡은 구두, 해바라기 등이었으며 고흐가 그린 사람도 대단한 인물들이 아니다. 자신에게 호의를 베풀어 준 평범한 사람들, 예컨대 가난한 화가의 그림을 받고 물감을 제공해 준 화방 주인, 동생 테오의 편지를 늘 전해 주던 우체부, 카페 여주인 등이다. 놀랍지만 여기에 고흐의 천재성이 있다. 범상한 세상을 범상치 않게 그려 낸 것, 이것이 고흐의 놀라운 천재성이다. 그의 작품을 보면 평범함 속에 담겨 있는 심오함이 우리를 끊임없이 감동시킨다. 즉, 고흐는 평범한 일상에서 놀라운 의미를 찾아내어 우리로 하여금 예술에 대한 새로운 시각을 갖게 해 준 앙트러프러너이다.

④ 앙트러프러너는 도박꾼이 아니라 철저히 위험을 경영하는 계산된 리스크 테이커이다

앙트러프러너는 혁신을 추구하며 창조와 도전에 헌신하지만 누구보다 주어진 현

재의 일상적 과업을 충실히 해내는 사람이다. 즉, 고위험을 감수하기보다는 계산된 위험을 경영하는 자들이다. T. S. 엘리엇의 기념비적인 작품 〈황무지〉는 20세기 가장 중요한 시로 칭송을 받는다. 그러나 1922년 이 시가 발표되고 나서도 1925년까지 엘리엇은 경제적인 위험을 감수하지 않으려고 런던 은행에서 계속 일을 했다. 이베이의 창업자 피에르 오미디야르도 창업 후 아홉 달 동안 계속 프로그래머로 일했고, 온라인 시장에서 얻은 수입이 월급보다 많아지고 나서야 직장을 그만두었다. 빌 게이츠 또한 대학을 휴학하고 부모님으로부터 재정적인 지원을 받음으로써 자신의 위험 포트폴리오를 안정적으로 유지하였다.

그 밖의 수많은 앙트러프러너는 그들의 일상에 충실했고 일상의 영감을 새로운 창조의 도구로 활용하였다. 낮에는 프랑스어 과외 선생이었지만 밤에는 개념미술가였던 마르셀 뒤샹, 낮에는 보험회사 직원이었지만 밤에는 소설을 썼던 프란츠 카프카, 평일에는 지방의회 의원이었지만 휴일에는 수학자였던 피에르 드 페르마, 손님이 있을 때는 통행료 징수원이었지만 손님이 없을 때는 화가였던 앙리 루소 등 수많은 혁신가이자 창조자는 그들의 일상에 주어진 과업을 잘 완수하며 무리한 위험부담을 안지 않았던 사람들이다.

⑤ 앙트러프러너는 삶의 국면에서 창조적 긴장을 조성하는 자이다

학습조직의 대가인 생게(Senge)에 따르면, 진정으로 바라는 바를 실현하기 위해서는 끊임없이 자신이 변화하고자 하는 내적 동력이자 에너지를 생성해 내어야 한다. 현 상태와 미래 비전이 실현되었을 이미지 간의 간극을 느껴, 미래의 변화된 비전으로 이행하고자 하는 강렬한 추동력을 만들어 내는 것이 중요하다. 생게는 이러한 변화의 즐거움과 환희를 느끼게끔 하는 간극을 '창조적 긴장(creative tension)'이라고 표현하였다. 말하자면, 현재 상황과 비전 간에 발생하는 차이인 창조적 긴장은 앙트러프러너의 부단한 활동을 촉진시키는 동인이 된다. 따라서 만약 그러한 차이, 즉 창조적 긴장이 발생하지 않는다면 미래 비전을 향하여 나아가고자 하는 어떠한 움직임도 발생하지 않을 것이다. 따라서 **앙트러프러너는 미래 비전과 현재 상황 사이에서 발생하는 창조적 긴장이 무엇인지 찾고 이를 바탕으로 부단히 자기 삶의 여정을 설계해 나가는 것에 있어 민감해질 필요가 있는 사람**이다.

종합하면 앙트러프러너십은 기업과 비즈니스뿐만 아니라 사회, 경제, 문화, 예술, 교육 등의 모든 범위에서 누구나 창조와 혁신을 발휘할 수 있는 공통역량으로, 교육(훈련)을 통해 개발하고 성장시킬 수 있다. 또한 강력한 실행력을 바탕으로 창조와 파괴를 통한 변혁을 추구하는 앙트러프러너십의 궁극적인 목적은 사회적 책임의식을 바탕으로 한 사회 변화와 기여에 있다. 이를 통해 다르게 생각하고 연결하는 창의성, 실제 일상에서 실천을 통해 구현해 낼 수 있는 구현물, 사회적 영향을 미칠 수 있는 가치가 창출되어야 한다. 그러기 위해서는 교육, 사회, 문화, 예술, 경제 등 모든 영역에서 적용 가능한 앙트러프러너십의 체계적 원리와 프로세스가 지원되어야 한다. 앙트러프러너십은 교육을 통해 길러지고 지속적으로 개발될 수 있는 역량으로 모든 분야에서 창조와 실천, 구현, 사회적 변혁의 과정을 통해 발휘될 수 있다.

기존의 학문에 따른 교육은 내용적 통합에만 중점을 두었고, 정작 창의성이나 융합적·복합적 사고를 함양하는 방법과 창의적 사고의 구현, 사회적 영향력에 대한 전체론적 관점을 교육하지 못하고 있는 실정이다. 앙트러프러너십 교육은 모든 분야에서 창의적이고 혁신적인 사고와 실천을 수반하는 실제적이고 통합적인 교육이다. 그 과정은 다음과 같다.

첫째, 각 학문에 대한 공감적 문제를 찾아 문제의식을 명확히 한다.

둘째, 공감적 문제에 대한 창발적 원인을 탐색하고 창의적 문제해결방안을 탐색한다.

셋째, 창의적 해결방안을 구조화하여 실천하고 실제 구현해 낸다.

넷째, 구현을 통한 사회적 변화를 추구한다.

이러한 앙트러프러너십 교육은 배움이 실제적 삶에 적용되어 가치를 창출하고 사회변화를 이끄는 인재양성을 목표로 한다.

이에 이 책에서는 앙트러프러너십의 분야를 다음 7개 분야인 사회 앙트러프러너십(Social Entrepreneurship: SE), 문화 앙트러프러너십(Culture Entrepreneurship: CE), 교육 앙트러프러너십(Educational Entrepreneurship: EE), 예술 앙트러프러너십(Artistic Entrepreneurship: AE), 국방 앙트러프러너십(Military Entrepreneurship: ME), 기업 앙트러프러너십(Business Entrepreneurship: BE), 종교 앙트러프러너십(Religion Entrepreneurship: RE),

정책 앙트러프러너십(Policy Entrepreneurship: PE)으로 분류함으로써 앙트러프러너십을 특정 분야에 한정된 것으로 보던 것에서 탈피하여 사회 전 분야로 확산시키고, 관련 예시 자료를 통해 앙트러프러너십이 구현되는 과정을 보다 이해하기 쉽게 설명하고자 한다.

02 앙트러프러너십의 개념

1. 앙트러프러너십

20세기 앙트러프러너십에 대한 연구는 슘페터(Schumpeter, 1942)에 의해 수행되었는데, 그는 앙트러프러너십을 새로운 아이디어나 발명을 성공적인 혁신으로 전환하는 것이라 정의한다. 박수홍은 앙트러프러너십의 본질을 사회 모든 영역에서 기존에 존재하지 않은 새로운 형태의 시스템을 구상(creativity)해 내고 실천(action)해 내는 역량이라 정의하면서 창조성과 실천성을 강조하였고, 한 사회의 모든 구성원이 본질적으로 갖고 있어야 할 자기혁신의 바탕이 되는 핵심역량이라 주장하였다. 드러커(Drucker) 또한 앙트러프러너십을 경영자 개인의 활동에 국한하지 않고 사회 모든 조직의 활동으로 포괄적인 정의를 내렸다. 즉, 드러커가 강조하는 바는 앙트러프러너십이 인간의 모든 활동 영역에서 구현되는 것이라는 점이다. 최근에 대두되고 있는 앙트러프러너십의 의미는 행동의 사회적 · 정치적 양식을 포함하는 것으로 확장되고 있다.

앞의 정의에서 보듯이 앙트러프러너십은 창조와 혁신을 기반으로 모든 사회 영역에서 누구나 가질 수 있는 공통역량을 의미하지만, 21세기 현재 국내에서는 아직도 앙트러프러너십에 대한 의미를 기업과 커리어개발 영역으로 한정하여 사용하고 있는 추세이다. 이보다 더 큰 오류는 앙트러프러너십의 본래적 의미인 '기업가정신(起業家精神)'이 비즈니스나 사업과 관련한 '기업가정신(企業家精神)'으로 잘못 번역되었으며, 그 결과 CEO 정신이나 사업가 정신으로 변질되어 사용되고 있다는 것이다. 이는 모든 시민에게 앙트러프러너십의 정신을 확산하는 데 근본적인 걸림돌로 작용하고 있다. 반면, 일본에서는 번역어 사용 전체 기간으로 볼 때는, '企業家'가 오래전부터 사용되고 있었지만, 최근 경제계 신문 기사에서는 '起業家'가 더 많이 사용되고 있다. 또한, 경제 신문 기사에서 '起業家'가 등장한 연도가 논문에서 '起業家'가 사용된 연도보다 빠르다. 1980년 중반 이전까지 'entrepreneur'를 '起業家'로 사용하는 경향이 대다수를 차지하고 있으며 원어 표기 그대로 '앙또레프레나'로 표현하는 경우가 많다.

이렇듯 앙트러프러너십은 기업과 비즈니스뿐만 아니라 사회, 경제, 문화 등의 모든 범위에서 누구에게나 창조와 혁신이 발휘될 수 있는 공통역량이다. 앙트러프러너십 역량은 개인적 특성으로 교육(훈련)을 통해 개발하고 성장시킬 수 있다.

강력한 실행력을 바탕으로 창조와 파괴를 통해 변혁을 추구하는 앙트러프러너십의 궁극적인 목적은 사회적 책임의식을 바탕으로 한 사회 변화와 기여에 있다. 그러기 위해선 교육적 차원에서 공유된 공감적인 사회 문제를 발견하는 과정이 필요하다.

2. 앙트러프러너십의 기존 이론

1) 슘페터의 앙트러프러너십

기술(혁신) 경제학자, 슘페터에 따르면, 정체된 사회(경제)의 재발전은 창조적 파괴(creative destruction)를 통한 혁신에 달려 있다. 기업은 결국 시장경쟁에서 승리하기 위해 혁신을 통한 차별화를 한다는 것이 슘페터의 기본적인 사상이다. 혁신은 공정혁신을 통해서 원가를 낮추거나 제품 혁신을 통해서 새로운 기능을 부과하거나 혹은 조직 혁신을 통하여 조직의 생산성을 올리는 등 다양한 형태로 이루어지지만, 이러한 혁신에 성공한 기업은 이윤으로서 보상받는다는 것이 슘페터의 주장이다. 즉, 마르크스가 가치창출의 근거를 시간으로 산정할 수 있는 투입된 노동으로만 바라보는 정태적인 시각을 견지했다면, 슘페터는 역동적인 경제를 바라본 것이다.

역동적인 경제발전의 과정은 불균형의 연속이다. 혁신에 성공한 기업이 다른 기업과 비교하여 높은 이윤을 획득하게 되고 발생된 초과이윤은 다른 기업들에게 동기부여가 된다. 이러한 초과이윤에 대한 동기부여는 혁신에 대한 모방으로 이어지고 이를 통해 혁신이 확산된다. 이후 다시 가격은 떨어지고 이윤은 줄어드는데, 이 과정에서 새로운 혁신이 기존에 형성된 균형을 다시 파괴한다. 그리고 그 기업은 이윤으로서 보상을 받는다. 즉, 시장경제는 본질적으로 불균형 상태가 지속되는 동적인 경제인 것이다.

슘페터의 경제발전에 대한 전략적 자극은 혁신이다. 혁신은 생산요소의 새로운 결합을 말하는데 그것은 다음과 같은 다섯 가지 방식으로 나타난다.

① 기존에 사용되는 원료를 대체할 수 있는 새로운 재료를 발굴할 때 혁신이 창출될 수 있다

업사이클링 분야에서 기존에 쓸모가 없는 폐기물을 활용해서 예술품의 소재로 활용한다든지 폐직물을 활용하여 재활용 가방이나 액세서리를 만들어 내는 것이 이 경우에 해당된다.

② 새로운 조직방법을 고안해 내는 것 또한 혁신을 유도할 수 있는 방법이라 할 수 있다

퇴직 전문가들로 구성된 자원봉사 조직을 디자인해서 저비용 고품질의 새로운 신규 서비스를 창출하는 경우를 들 수 있다.

③ 기존에 존재하지 않는 새로운 상품이나 서비스를 창출하는 것 또한 혁신의 기회를 만들어 내는 것이다

기존에 존재하는 냉장고와 차별화되는 새로운 기능의 냉장고(김치 냉장고)를 만들어 내는 것이나, 인터넷에 무한히 생산되는 다양한 학습자원을 활용하여 맞춤형 학습콘텐츠를 제공하는 디지털 큐레이터라는 새로운 직업군이 이에 해당될 것이다.

④ 새로운 생산이나 서비스 제공 방식을 만들어 내는 것도 혁신의 기회를 만들어 낸다

외부 인적 자원을 활용한 크라우드 소싱이라는 새로운 생산방식이라든지

O2O 플랫폼이라는 새로운 방식으로 서비스를 제공하는 경우를 들 수 있다.

⑤ 새로운 시장을 개척하는 것도 혁신의 발로라 할 수 있다

인구감소에 따라 줄어드는 기존 학생 수요를 새로운 학생으로 재설정된 중장년 퇴직자로 대체하는 경우가 해당되겠다.

2) 니체 사상과 앙트러프러너십

앙트러프러너는 모든 사회 영역에서 혁신적 가치와 활동을 만들어 내는 사람을 의미한다. 혁신적 가치는 시대 속에서, 시대의 저항을 이겨 내고 마침내 세상을 변화시킨다. 그 변화를 우리는 '혁명'이라고 부른다. 혁명이란 기존의 질서를 파괴하고 완전히 새로운 가치를 세움으로 이전에는 상상할 수 없었던 다른 세상을 창조하는 것이다. 앙트러프러너는 이러한 혁명을 창조하고 이전에 없던 세상을 만들어 가는 자이다.

시대와 국경을 넘어 앙트러프러너는 늘 존재해 왔다. 그들은 세상에 새로운 질문을 던졌고 늘 저항에 부딪혔으며, 창조적으로 무언가를 만들어 내고 세상을 변화시켜 왔다. 그리고 그 영향력은 과거에 머무르지 않고 '지금' '여기'를 살아가는 우리에게도 영감을 준다.

여기 서구의 오랜 전통을 깨고 새로운 시대정신을 열었던 사상가 니체가 있다. 니체의 삶과 사유는 그가 세상을 떠난 지 100년이 지난 지금까지도 모든 혁신가의 정신과 태도에 깊은 영향을 미치고 있다. 늘 시대의 중심에서 시대를 초월하여 시대를 이끌어 갔던 니체의 사상을 통해 앙트러프러너십의 본질을 알아보고자 한다.

니체의 사상은 세 가지 개념으로 앙트러프러너십의 본질을 설명한다. 창조적 파괴정신, 중력의 영과의 끊임없는 투쟁 그리고 자기극복을 지속적으로 추구하는 초인사상이 그것이다.

① 창조적 파괴정신

앙트러프러너는 기존에 상식화되고 정형화되어 있는 통념에 대하여 의문을

제기하거나 개념적 틀을 깨부수고 새로운 질서를 추구하는 창조적 파괴자이다. 새로운 질서를 만들어 내는 것만큼 어렵고 힘든 일은 없다. 그것은 스스로를 부인하고 끊임없이 새로운 자기정체성을 생성할 수 있는 용기를 필요로 한다. 이러한 점에서 니체의 창조적 파괴정신은 기존의 모든 관념과 나아가 자기 자신까지도 부정할 수 있는 창조정신이다.

니체는 전체집합 U를 미지수 X로 바꾸는 데 능숙한 사람이었다. 당연시되었던 기존의 질서, 관념, 문화, 과학까지도 그 가치를 전복하고 끊임없이 새로운 가치를 꿈꾸던 사람이었다. 적혀 있던 답이 사라지고 그 자리에 미지수가 들어서면 사람들은 '위험하다'고 말한다. 미지수 X 위에서 살아 본 적이 없기 때문이다. 니체는 그렇게 도저히 버릴 수 없을 것 같은 가치와 신념들을 조롱하고 때로는 그것들을 지키려 안간힘을 쓰는 당대 지식인과 사람들을 수동적인 존재, 즉 '낙타'로 비유하며 비난했다.

니체가 말하는 '창조적 파괴'는 파괴를 위한 파괴가 아니다. '창조적 파괴'란 창조와 생성을 위한 도약이며, 이유 있는 반항이자 긍정이다. 창조는 기존 질서의 파괴라는 토양 위에 그 영양분으로 다시 피어나는 꽃과 같다. 다시 말하면 창조적 파괴는 자기 생에 대한 사랑이다. 자신을 더 나은 위치에 올려놓기 위한 자기 부정이며 성찰인 것이다. 기존의 질서는 낙타와 같은 인내를 높이 평가했다.

하지만 그저 묵묵히 참고 견디는 것은 아무것도 창조할 수 없다. 무한히 참고 견디기만 해서는 자기 삶을 사막으로 만들 뿐이다. 니체는 삶을 진정 사랑한다면 그것을 그대로 두지 말고 재창조할 것을 강조한다. 즉, 니체의 창조적 파괴는 부정이 아닌 긍정이며 끊임없는 변화를 통한 자기 성장과 사랑에 있다. 그리고 이러한 변화와 혁신은 실천을 전제로 한다. 니체는 우리가 당연시했던 기존의 모든 질서와 가치를 철저히 전복하고 '창조적 파괴'를 통해 현대철학의 지평을 열었던 앙트러프러너이며, 그의 사상은 문학, 철학, 종교, 예술, 심지어 과학에 이르기까지 모든 영역에서 현대 문명의 정신적 기반이 되고 있다.

② 중력의 영과의 끊임없는 투쟁

앙트러프러너는 세상과 타협하지 않는 여정에서 직면할 수 있는 좌절, 비웃음, 고독감을 이겨 내야 한다. 니체는 이러한 외부적 억압과 저항을 '중력의 영'

이라 표현하였다. 이는 마치 자유롭게 날아오르려는 자유정신에 '중력의 영'이라 불리는 난쟁이가 무거운 납덩이를 끊임없이 떨어뜨리고 있는 형국에 직면하는 것이다.

앙트러프러너는 새로운 가치를 창출하고 만들어 냄과 동시에 늘 투쟁하는 존재이다. 그들의 혁신에는 늘 저항이 있었다. 그러한 저항은 중력과도 같이 우리를 누른다. 기존의 제도와 법, 관습과 도덕이 그어 놓은 선은 우리에게 세상과 스스로를 판단하는 잣대가 되어 더 높은 곳으로 날아올라 가는 것을 막는다. 앙트러프러너는 언제나 중력의 영과 마주했고, 그러한 중력장에서 끊임없이 탈주하고자 투쟁했던 자들이다. 그들은 그러한 탈주가 초래할 위험성을 감수할 결심이 선 자들이었다. 그러나 그것만으로는 충분하지 않다. 자기 시대, 자기 삶에 대한 거부만으로는 결코 날 수가 없다. 부정과 거부는 여전히 무거운 자들의 정신이다. 중력의 영은 그것을 놓치지 않는다. 중력의 영이 던진 그물에 걸리면 부정과 거부는 금세 반동이나 허무로 돌변할 수 있다.

중력의 영을 뛰어넘어 도약하기 위해선 가벼워져야 한다. 니체는 이 가벼워짐이 곧 자기 삶을 사랑하고 자기 삶을 아름답게 창조할 수 있는 힘이라고 했다. 자기 삶을 사랑하기 때문에 탈주하는 자, 탈주하는 방식으로 자기 삶을 사랑하고, 아름다운 재창조를 위해 기존의 삶을 허무는 자는 창조적 파괴를 통해 중력의 영을 뛰어넘는 앙트러프러너라 할 수 있다. 혁신과 창조는 과거와의 단절과 극복에서 시작한다. 하지만 과거란 간단하게 극복할 수 있는 것이 아니다. 중력과도 같이 자신을 둘러싼 보이지 않는 수많은 관념과 습성을 온전히 인식하고 극복하고자 하는 의지와 용기가 필요하다. 그리고 이것은 끊임없는 투쟁과 노력을 필요로 한다. 앙트러프러너가 세상을 바꿀 수 있는 이유는 바로 창조와 혁신을 위해 중력의 영과 같은 저항에 끊임없이 투쟁하고 혁신 가치를 몸소 실천했기 때문이다.

③ 자기극복을 지속적으로 추구하는 초인사상

니체는 과거 경험을 통해 만들어진 자신에 대한 이미지를 끊임없이 극복하려고 노력하는 존재를 위버멘쉬(übermensch: overman)라고 명명하였다. 어쩌면 앙트러프러너는 자기갱신을 이루려는 위버멘쉬의 또 다른 이름일 수 있다. 기존 질서가 만들어 낸 환경을 지배하고 있는 관습과 타성에서 벗어나 자신의 자유정신을 발휘하는 인간인 동시에 창조적 파괴를 통해 새롭게 구성한 아이디어를 대중에게 알리고자 부단히 노력하는 인물이다(초인사상).

니체가 말한 위버멘쉬는 단순히 인간의 질적인 변화가 아니다. 위버멘쉬는 단계를 통해 발전하고 성장하는 차원이 아니라 오히려 자기부정을 통해 새로운 존재를 탄생시키는 창조자인 것이다. 니체의 창조적 변신을 이해하기 위해서 니체가 비유한 낙타와 사자, 어린아이의 비유를 이해할 필요가 있다. 낙타는 인내력이 강한 동물이다. 그리고 척박한 사막에서도 무거운 짐을 싣고 주인에게 순종한다. 즉, 낙타는 노예적 존재이다. 반면, 사자는 주인의 명령을 듣지 않고 어떤 의무나 당위에서도 자유로운 존재이다. 어린아이는 망각의 존재이자 언제나 새롭게 시작할 수 있는 유희적 존재이다. 어린아이는 자기 욕망에 충실하며 어떤 관념과 제도에도 매임이 없어 매 순간 창조와 놀이의 세계를 만들어 가는 존재이다. 낙타에서 사자로, 사자에서 어린아이로의 변신과정에서 사자는 낙타의 강화를 통해서 출현한 것도, 낙타의 부정을 통해서 출현한 것도 아니다. 각 단계를 완전히 극복한 새로운 존재로의 변신이 아니면 위버멘쉬가 될 수 없다.

앙트러프러너는 천성적으로 타고난 존재가 아니다. 앙트러프러너십은 과거의 자신을 극복하기 위해 끊임없이 시도하고 변화하고자 노력할 때 길러지는 역량이다. 즉, 앙트러프러너는 매 순간 자기극복의 노력을 통해 완전한 변신을 이루는 자이고 자기 한계를 넘어서는 자인 것이다.

니체의 사상에 나타난 앙트러프러너십의 본질을 살펴보았다. 니체는 당대 모두가 당연시하였던 기존의 모든 가치(관념, 사상, 종교, 철학, 과학 등의 모든 영역)를 냉철하게 분석하고 비판한 사상가이다. 망치를 든 철학자로 알려진 니체는 당대 기존의 관념을 파괴하면서 현대철학의 장을 열고 새로운 인간상을 제시하여 새로운 시대를 열었던 사람이다. 그가 제시했던 창조적 파괴정신, 중력의 영과의 끊임없는 투쟁, 자기극복을 지속적으로 추구하는 초인사상은 이 시대 앙트러프러너가 반드시 가져야 할 필수요소이다. 세상은 늘 소수의 혁신가를 통해 변화해 왔다. 혁신은 사회적인 파급을 통해 우리 사회와 인간을 더 나은 가치로 바꾸어 놓았다. 즉, 세상은 앙트러프러너에 의해 변화되어 왔다고 볼 수 있다.

그리고 우리는 교육과 훈련을 통해 누구나 앙트러프러너가 될 수 있다.

미래사회는 끊임없이 변화하고 혁신하는 자가 만들어 가는 세상이다. 즉, 창조적 파괴를 통해 새로운 가치를 창출하고 변화를 주도하지 못하면 생존 자체가 위협받는 시대를 살고 있다. 그러므로 앙트러프러너십은 단순히 하나의 소양으로서가 아니라, 미래사회에 필요한 핵심역량이며, 모두가 배우고 길러야 하는 국가적 사명으로 인식되어야 할 것이다. 이를 통해 사회 전 영역에서 새로운 혁신과 창조의 물결이 인다면 앙트러프러너를 통한 새로운 변화를 일상에서 호흡하고 느낄 것이다.

앞에서 언급하였던 앙트러프러너십을 길러 주는 데 필요한 핵심 원리(창조적 파괴, 창조적 긴장)와 활동 프로세스, 극복해야 되는 요소(중력의 영, 죽음의 계곡/다윈의 바다)를 포괄하여 역량개발 개념도를 그리면 다음과 같다.

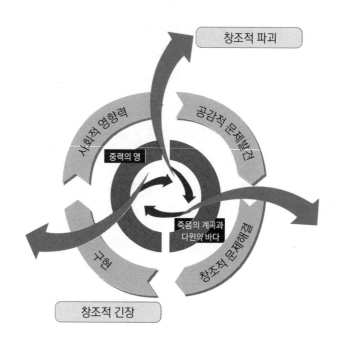

[그림 2-1] 앙트러프러너십 역량개발 개념도

03 앙트러프러너십의 핵심 프로세스

공감적 문제발견	창의적 문제해결	구현	사회적 영향력
Empathetic Problem	Creativity	Invention	Social Impact
1단계	2단계	3단계	4단계

앙트러프러너십의 역량개발 과정은 다음과 같은 네 단계를 거친다. 공감적 문제를 발견하여(1단계), 창의적으로 문제를 해결하고(2단계), 그 결과나 성과를 실제로 구현함으로써(3단계), 사회 전반에 의미 있는 변화와 영향력을 끼치는 과정(4단계)으로 구성된다. 이 장에서는 앙트러프러너십의 각 단계에 대한 개략적인 내용을 언급하고 다음 장에서는 실제 팀 기반의 활동을 통해 앙트러프러너십을 구현하는 적용과정을 소개한다.

1. 공감적 문제발견

앙트러프러너는 창의적으로 문제를 해결하고 구현하여 세상을 변화시키는 자이다. 그러기 위해서는 가장 먼저 문제를 인식하는 힘이 필요하다. 즉, 문제를 문제로 인식하는 능력이 필요하다. 창의성은 가르칠 수 있는 것이라기보다는 현장에서 길러지는 것이다. 우리의 일상적인 삶의 현장에 어떤 문제들이 있으며, 그 문제의 본질이 얼마나 중요하고 공감되는지를 이해할 필요가 있다.

그렇다면 어떻게 공감적 문제를 인지할 수 있는가? 그것은 기본적으로 풍부한 경험이 선행될수록 유리하다. 하지만 모든 경험이 창의성으로 발현되는 것은 아니다. 흘러간 것은 잡히지 않는다. 주의 깊은 관찰과 관심으로 깊이 새겨져 있는 것들만 잡을 수 있다. 즉, 경험만큼 중요한 것은 관찰과 시선이며 감탄하는 능력인 것이다. 앙드레 지드는 '시인의 재능은 자두를 보고도 감동할 줄 아는 재능이다.'라고 했다. 앙트러프러너는 새로운 시각으로 현상과 사물을 보며 집중하고 감탄함으로 문제의 본질에 한 걸음 다가가는 자이다.

공감적 문제를 발견한다는 것은 모두가 보는 것을 보고 아무도 생각하지 못하는 문제를 생각하고 발견하는 것이다. 이것은 시간이 필요한 훈련이다. 시간을 들여 천천히 바라보면 모든 것이 자신에게 말을 걸어온다. 중요한 것은 우리가 들을 준비가 되어 있느냐이다. 일상의 재료에 귀 기울여 들을 때 무심하게 흘려버린 일상의 문제들과 현상이 하나의 의미로 우리에게 다가온다. 그것은 일종의 의미부여와도 같다. 어떤 순간에 우리가 의미를 부여해 주어야 그 순간이 우리에게 의미 있게 다가온다. 우리가 어떤 순간에 의미를 부여하면 우리 삶은 의미 있는 순간의 합이 되고 비로소 보이지 않던 문제들이 발견되는 것이다.

'공감하기'는 사람들을 유심히 관찰하고 인터뷰하면서 통찰을 얻는 과정이다. 우리가 문제해결을 하겠다고 나선 것은 이 문제를 어느 단 한 사람만이 겪고 있는 것이 아니라 많은 사람이 동일하게 문제를 느끼거나 경험하고 있기 때문이다. 공감적 문제발견 단계에서 통찰을 얻는 과정은 관찰과 인터뷰, 현장체험의 방법을 제시했다. 공감적 문제발견을 통해 '문제정의하기'는 공감하기 단계에서 모은 자료를 토대로 "과연 무엇이 문제인가?"를 정의하는 과정이다. 즉, 새롭고 구체적이며 분명한 말로 문제를 재정의하는 것이라 할 수 있다. 이러한 과정을 통해 다음 창의적 문제해결과정으로 넘어간다.

2. 창의적 문제해결

창의력은 집요함이다. 다시 말해, 창의력이란 어떤 아이디어를 실현하기 위해 끝까지 고집스럽게 포기하지 않고 끈질기게 추구하는 것이다. 아무리 좋은 아이디어도 마지막까지 살아남지 못한다면 누군가의 머릿속에서만 잠시 떠올랐다 사라진 것이 된다. 즉, 창의적인 아이디어를 가지고 문제를 해결하기 위해서는 문제해결이라는 실행적 요인이 필요하다.

여기서 한 가지 주의해야 할 점은 창의력과 창의적 문제해결은 다르다는 것이다. '창의력'은 창의적인 산출을 생각해 내는 능력이며, 이러한 능력은 '발산적 사고'와 '수렴적 사고'라는 2개의 축으로 이루어져 있다. 그리고 '창의적 문제해결'은 새로운 문제를 발견하고, 해결 아이디어를 생성하며, 나아가 이것을 실행하기 위해 실행 계획을 개발해 가는 전체의 과정에 초점을 두고 있다. 그러나 이러한 창의적 문제해결의 과정은 발산적 사고와 수렴적 사고라는 두 축의 창의적인 능력이 발휘됨으로써 비로소 가능해질 수 있다. 다시 말해, 창의력과 창의적 문제해결은 서로의 초점이 다르며 창의력이 문제해결과정의 기저 사고작용이라고 할 수 있다. 창의력은 창의적 문제해결의 전단계적 원인 작용이면서 문제해결과정 중에도 지속적으로 이루어지는 특성적 사고작용이다.

그러하기에 '창의적 문제해결'은 일상에서 흔히 사용하고 있는 일반적인 '문제해결'과는 다르다. 일반적인 '문제해결'은 이미 검증된 해답이나 아이디어를 기억해 내어서 또는 찾아내어 해결하면 된다. 그러나 '창의적 문제해결'에는 문자 그대로 창의력이 요구된다. 바꾸어 말하면 새롭고 유용한 아이디어를 생산해 내고 그것을 적용해서 해결하는 것이 창의적 문제해결이다.

이러한 창의력의 개발을 위해서는 다음과 같은 것을 고려해 보아야 한다. 첫째, 적극적으로 질문하는 자세가 필요하다. 호기심을 가지고 '하던 대로'에서 벗어나 적극적으로 탐구하고 질문하지 않으면 창의적인 새로운 변화는 없다. 둘째, 습관과 고정관념을 탈피하여야 한다. 습관은 편리할 수 있으나 모든 것을 습관대로만 하면 창의는 불가능하다. 그러므로 우리는 기능고착, 고정관념 또는 굳어진 정신자세 등으로 표현할 수 있는 정신적인 상자 같은 것을 넘어 이를 의식적으로 벗어날 수 있어야 한다. 셋째, 문제를 다양한 시각으로 보아야 한다. 그러려면 상황과 문제에 대한 '민감성'이 크게 요청된다. 넷째, 결합하고 조합하는 능력이 필요하다. 우리는 습관적으로 사물이나 정보, 지식들 간의 관계를 고착된 관점에서 보기 쉽다. 이러한 관점에서 벗어나 완전히 새롭게, 강제적으로 관계 지어 새로운 형태를 결합하거나 조합해 보는 능력이 필요하다. 이러한 능력을 우리는 '종합력'이라 부르는데, 이렇게 보면 창의력의 개발은 바로 종합하는 능력의 개발이라 말할 수 있다.

이 책에서는 창의적 문제해결을 지원하기 위하여 확산적 사고활동을 위한 연화도법과 와이파이, 익명그룹기법(NGT), 아시트(ASIT) 등의 창의적 사고 도구를 활용하여 사고의 촉진을 도모하였다. 이러한 창의적 문제해결과정을 통해 다수의 아이디어를 발산하고 아이디어 평가활동을 검토한 후에 가장 실현 가능성이 높은 아이디어를 해결책으로 선정한다. 아이디어를 선정할 때는 수렴적 사고를 통해 아이디어들이 가진 장점, 단점, 개선점 등을 분석하고 평가하는 것이 중요하다.

3. 구현

앞의 과정을 통해 혁신적 솔루션을 개발하면 실제 구현을 위한 활동을 할 수 있다. 실행에 앞서 프로토타입(prototype)의 제작과정을 통해 최적의 문제해결방안을 유무형의 형태나 내용으로 표현할 수 있다. 프로토타이핑은 아이디어를 구체화하는 방법이며, 문제에 대한 실효성을 검증하는 방법이다. 즉, 프로토타입은 문제해결과정에 걸쳐서 아이디어를 검증하는 도구가 될 뿐만 아니라 더 많은 아이디어를 발상하기 위한 도구의 기능을 한다. 프로토타이핑은 문제를 해결할 수 있는 아이디어를 다른 사람들이 상호작용할 수 있는 대상으로 제작함으로써 이를 보거나 만질 수 있게 구체화, 시각화, 실체화한다. 그러므로 문제해결과정의 초기 단계에서 비록 조악하지만 적은 비용으로 유형물, 무형물을 만들어 여러 번 제작해 보는 래피드 프로토타이핑(rapid prototypong)은 실제 구현을 위한 중요한 과정이라고 볼 수 있다. 또한 프로토타이핑을 통해 구현된 생산물을 여러 사람과 상호작용하고 피드백 받음으로써 문제해결자가 프로토타입을 보다 정교화하고 최적의 문제해결책을 실천하는 데 기여할 수 있다.

프로토타입 과정에 앞서 효과적인 구현이 실현되려면 일단 많은 양의 창의적 아이디어와 구현에 대한 시도가 필요하다. 다양한 아이디어를 내다 보면 독창성을 달성할 확률이 높아진다. 또한 그것을 실현하기 위해 노력하는 과정에서 더 많은 노하우와 실전 경험이 쌓이게 된다. 인류 역사에 천재라고 기록되는 사람들도 창작의 과정에서 구현물이 절대적으로 많았다. 베토벤은 평생 650곡을 작곡했고, 바흐는 1,000곡이 넘는다. 피카소는 유화 1,800점, 조각 1,200점, 드로잉 1만 2,000점이 넘는다. 이와 같이 창의적 문제해결을 위한 아이디어를 구현하기 위해서는 다양한 시도와 노력이 필요하다. 분야를 막론하고 최고의 독창성과 실행력을 보여 준 사람들은 무수한 아이디어를 창출해 내었을 뿐 아니라 그에 비례하여 많은 구현물을 창작했다. 앙트러프러너는 구현을 위해 실패를 두려워하지 않는 자이다. 더 이상 발전할 여지가 없거나, 완전히 실패작일지라도 아이디어를 풍부하게 창출해 내는 사람이다. 아이디어의 풍부함만큼 참신한 아이디어, 혁신적 아이디어를 많이 생각해 낼 수 있는 것이다.

4. 사회적 파급

앙트러프러너는 결국 세상을 변화시키는 자이다. 새로운 가치로 세상과 소통하는 자이다. 소통은 내가 가는 것이 아니라 그들이 오게 만들어야 하는 것이다. 창의와 도전을 일상에서 구현하는 자에게 마침내 세상은 귀를 기울이고 다가온다.

이 책의 제3부에서는 일곱 가지 영역에서 앙트러프러너십을 보여 준 혁신가들의 이야기를 다룬다. 여기 소개된 앙트러프러너들은 남들의 발상, 남들의 결과물, 세상이 칭찬하고 비판하는 세상의 기준이 아니라 자신이 가지고 있는 생각, 자신이 좋아하는 것들, 자신에게 있는 재료들을 통해 공감적 문제를 찾고 시대 앞에 놓인 자신의 과업을 창의적으로 해결해 나가 마침내 세상의 문화와 질서를 바꾸어 놓았다.

앙트러프러너는 창의성을 실현하는 데 방해되는 어려움을 수도 없이 마주하고도 포기하지 않았다. 그럼에도 자기 스스로에 대한 확신과 실행을 통해 끝까지 놓지 않고 집요하게 매달렸다. 앙트러프러너는 자신의 사고와 행동에 책임을 지고 그것을 증명해 가는 존재이다. 그것도 논리 정연한 사회가 아니라 복잡다단한 현실 속에서 끊임없이 증명해 간다. 결국, 창의적인 아이디어에서 그치는 것이 아니라 사람들에게 인정받는 창의적인 결과물을 만들어 내어 세상에 영향을 미치는 것이다. 어떻게 빈 캔버스에서 예술 작품을 볼 수 있는가? 어떻게 고요함 속에서 한 번도 작곡된 적이 없는 노래를 들을 수 있는가? 어떻게 실험실의 회전운동 속에서 붉은 행성을 볼 수 있는가? 사람들은 그들을 이해하지 못할지도 모르지만 마침내 세상은 그들을 세상을 바꾼 혁신가라고 부른다.

{ 04 앙트러프러너십의 사회 혁신 사례

앙트러프러너십은 지역과 지역사회 커뮤니티 구성원으로서의 시민이 중심이 되어 지역의 공감적인 문제를 발견하고, 창의적으로 문제를 해결하며, 그 과정에서 혁신적 성과를 창출하는 역량을 말한다.

사회적 앙트러프러너십은 정부 입장에서 지방의 다양한 요구와 상황에 맞는 정책을 제시하는 데 어려움이 생기게 되자 지역과 지역사회 커뮤니티 차원에서 부각되었다. 사회적 앙트러프러너십은 사회적 목적을 추구하며 공공의 가치를 지향한다는 점에서 공적 영역에서 발현되는 공공 앙트러프러너십과 중첩되는 측면은 있으나 공공의 영역에서 사적 영역까지 적용 가능한 광의의 개념으로 이해할 필요가 있다.

앙트러프러너를 통한 지역 및 국가의 혁신은 이미 에스토니아와 이스라엘 등의 해외 사례를 통해 글로컬(glocal)시대 성장동력으로 부각되고 있다. 다음의 미국과 영국, 에스토니아, 이스라엘, 스웨덴의 혁신 사례를 통해 사회적 앙트러프러너십이 국가와 사회 구성원에게 어떠한 혁신적 변화와 창조를 이끌어 내는지 알아보자.

1. 미국과 영국의 공공서비스 혁신을 위한 사회적 앙트러프러너십 네트워크

사회적 앙트러프러너십 네트워크는 앙트러프러너, 시민, 공공기관의 네트워크를 통해 공공서비스의 혁신사례를 제시하고 있다. 사회적 앙트러프러너십 네트워크의 세 주체는 시민, 앙트러프러너, 공공기관이다. 사회적 앙트러프러너 십 네트워크를 통해 공공의 적절한 규제 환경과 삶의 환경, 창조적 사고, 응집된 힘이 길러지며, 이를 기반하여 사회적 앙트러프러너십 생태계가 구축된다.

앙트러프러너의 스타트업은 대학, 자문, 전문적 서비스, 펀드, 기업에 대한 지 원이 필요하며, 이러한 네트워크를 통해 혁신이 일어날 때 사회적 앙트러프러너 십 생태계가 구축된다. 앙트러프러너십을 통한 지역 혁신 사례는 오스틴, 보스 턴, 시카고, 디트로이트, 뉴올리언스, 뉴욕, 샌프란시스코, 워싱턴 등 미국 주요 도시에서 다음 그림과 같이 보고되고 있다.

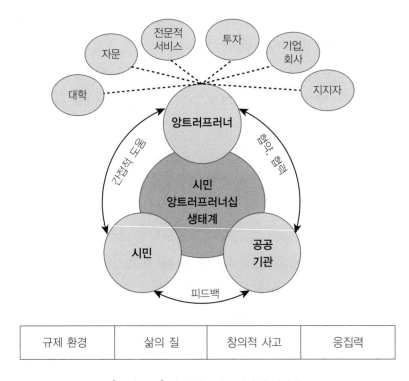

[그림 1-2] 시민 앙트러프러너십 생태계

출처: P. McAnaney (2015).

영국 게이트헤드 시는 지역의 조선 및 중공업의 실패를 딛고 문화에 의한 도 시 재생 프로젝트를 진행하여 『뉴스위크』에 세계적인 창조도시로 소개될 만큼 창조도시의 대표적인 사례로 볼 수 있다.

영국 게이트헤드 시는 한때 조선 및 중공업의 도시로 유명했으나 시대적 패러다임의 변화로 인해 대부분의 제조업이 쇠퇴하여 실업률이 15%를 초과한 적도 있을 만큼 도시가 활력을 잃었었다. 그러나 1980년대 들어 문화에 의한 도시 재생 프로젝트를 진행하여 2002년 9월 『뉴스위크』에서는 게이트헤드를 세계의 창조적 도시로 소개하기에 이르렀다.

게이트헤드 시의 도시재생은 보도전용에 '윙크하는 다리'라는 별명을 지닌 밀레니엄 브릿지, 제분소 건물을 리모델링하여 소장품을 갖지 않고 새로운 작품생산을 지향하는 발틱 현대미술관, 소라껍질 모양의 세이지 미술관 이 세 가지 건축물을 중심으로 이루어졌다. 게이트헤드의 문화 중심 도시 혁신 사례는 성공 요인으로 '지역의 문화, 역사, 정체성에 기반한 정책 수립' '지역의 다양한 이해주체의 만장일치 원칙을 통한 상호 협력' '외부 관광객의 눈에 맞추지 않고 철저히 주민을 위한 문화서비스 중시' 등을 꼽을 수 있다.

2. 에스토니아 '디지털 시민'을 통한 접근성 혁신

에스토니아는 접근이 용이한 환경적 시스템(플랫폼)을 마련하여 누구나 쉽게 시민권을 받을 수 있는 국가이다. 국토가 좁고 인구가 적으며 천연자원도 부족한 에스토니아는 정보통신기술이란 무형자산이 미래사회의 핵심임을 범국민적으로 인식하고, 지역시민을 넘어 세계시민 모두가 참여할 수 있는 디지털 국가로 디지털 혁신을 이뤄 나간 대표적인 사례로 볼 수 있다.

디지털 혁신을 구현하기 위한 디지털 시민권 부여, 무료 와이파이 존 설치, 스타트업, 디지털 교육의 조기교육 의무화 등을 통해 20년간 GDP 15배의 성과를 보이며 북유럽의 실리콘밸리이자 발트해의 호랑이로 부상한 에스토니아에는 과연 어떤 혁신적 변화가 있었던 것일까?

에스토니아는 정보통신기술이 미래사회의 가장 큰 자산임을 공감하고, 전 세계 유일한 디지털 국가를 선언하였다. 인터넷 접속권을 인권으로 포함시켜 세계 최초 전국 무료 와이파이 존을 만들었으며, 모든 시민이 디지털에 친숙해지기 위해 5세 때부터 코딩에 대해 의무교육을 실시하였다. 또한 선거에 '전자투표'를 도입하였으며, 2005년 총선에서 전체 투표의 30%가 온라인 투표를 차지

할 만큼 전자투표의 보급도 성공적이었다.

에스토니아는 디지털 기반으로 누구나 쉽고 빠르게 창업할 수 있는 시스템을 구축하여 전 세계 기술혁신과 창업의 아이콘이 되었다. 이는 디지털에 대한 편리하고 쉬운 접근성도 한몫하는데, 100유로와 1시간만 있으면 누구나 디지털 시민이 될 수 있으며, 에스토니아 시민의 혜택을 모두 받을 수 있다. 현재는 135개국 1만 4,000명이 1,000개 이상의 회사를 설립하여 세계시민으로서의 앙트러프러너십 역량을 보여 준 사례라 할 수 있다.

3. 이스라엘 군대조직을 활용한 '스타트업 네이션'

이스라엘은 인구와 자원의 한계를 넘어서기 위해서는 세계무대만이 살길이라는 공감적 인식을 바탕으로 세계 스타트업의 허브를 선언한 사회적 앙트러프러너십의 대표적인 국가이다.

이스라엘은 800만의 적은 인구에도 2017년 기준 미국 나스닥에 86개를 상장한 세계 3위의 창업 대국으로, 대표적인 '스타트업 네이션'으로 일컬어지고 있다.

이것이 가능했던 이유로는, 첫째, 다양성과 협업이 있다. 수평적 관계와 소통을 중요시하는 문화를 바탕으로 세계 70개가 넘는 다양한 국적 출신의 유태인들이 강한 글로벌 팀을 구성하여 인적 자원에 활용되고 있다는 점이다. 둘째, 군대를 활용한 혁신적 학습조직 운영이다. 이스라엘은 남녀 모두 의무 복무를 하는 세계 유일한 나라이다. 이스라엘은 군대라는 유효자원을 효과적으로 활용하여 군대가 혁신 기술을 배우고 혁신적 학습조직을 배양하는 양성기관으로서의 역할을 하도록 만들었다.

이스라엘 군대는 복무 기간 동안 고급 수학, 컴퓨터공학 등의 첨단 과학과 기술을 가르치며 하이테크 벤처 기업가를 길러 낸다. 또한 위계적이고 경직된 조직이 아니라 수평적 관계에서 배움과 다양한 실험이 가능한 곳으로 탈바꿈함으로써 이스라엘 군대는 하이테크 벤처 기업가를 만들어 내는 요람이 되고 있다.

4. 스웨덴 '말뫼' 시의 기존 도시 이미지와 지역 산업의 혁신

스웨덴의 말뫼 시는 기존 지역 산업의 실패를 딛고, 모든 시민과 기업, 전문가들의 의견을 모아 도시의 신 성장동력을 성공적으로 발굴하였다. 그리하여 기존의 도시 이미지와 지역 산업을 혁신시켜 새로운 도시 경쟁력을 창출한 대표적인 사례로 꼽히고 있다.

말뫼 시는 1974년 세계 최대 크레인을 도입할 정도로 조선업이 왕성한 도시였지만 12년 만에 조선소가 문을 닫고, 2002년에는 결국 코쿰스 조선소에서 세계 최대의 크레인을 단돈 1달러에 울산 현대중공업에 매각하고 말았다. 이후 시민, 기업인, 노조, 주지사, 시장, 대학교수들이 참여한 위원회를 만들어 공론화된 토론을 시행한 후에는, 20세기 노동집약산업에서 손을 떼고 신재생 에너지, IT, 바이오 같은 첨단산업을 신성장동력으로 키워야 한다고 결론을 내리고는 적극적인 추진을 감행한다.

이러한 혁신적 변화에 따라 외레순(Öresund) 대교를 통해 코펜하겐 및 여러 도시에서 사람들이 몰려들면서 조선소가 문을 닫고 23만 명까지 인구가 줄어들었던 말뫼에는 인구가 34만 명으로 다시 늘어나며 새로운 활력과 재생의 물결이 일고 있다.

또한 말뫼 안팎에 국제적인 수준의 연구력을 갖춘 대학들이 모이면서 말뫼에도 외레순 대교로 연결된 코펜하겐처럼 식품과 바이오산업이 본격 발달하였고, 코쿰스 조선소 본사가 있던 곳은 500여 개의 IT 스타트업 기업이 입주해 있는 '미디어 에볼루션 시티'로 변신하였으며, 말뫼대학과 세계해사대학(WMU)이 들어서면서 새로운 동력을 준비하고 있다.

05 앙트러프러너십의 대학 혁신 사례

세계는 4차 산업혁명으로의 전환에 대비하기 위해 미래의 산업구조와 인구구
조 등의 변화를 반영한 미래 인재 양성과 교육시스템에 대한 새로운 설계를 시
도하고 있다. 과거의 산업사회가 요구했던 인재와 미래사회를 주도할 인재는
그 성격이 근본적으로 달라질 것이다. 미래의 협력사회는 과거의 산업사회가
요구했던 숙련성과 경쟁력의 한계를 넘어서는 창의적이고 도전적인 사람을 요
구하고 있기 때문이다. 4차 산업혁명과 유비쿼터스 시대로의 진입에 따라 촉발
되고 있는 21세기의 '거대한 전환'은 기능적 숙련을 넘어서는 창의성과 사고의
전환을 통한 혁신을 요구하고 있다. 아직도 낡은 키워드에서 벗어나지 못하고
있는 프레임 전체가 변혁되어야 하는 이유가 여기에 있다. 최근 몇 년간 세계경
제의 위기와 더불어 세계정치의 지형이 대대적으로 격변하고 있는 것은 경쟁사
회의 프레임이 더 이상 효력을 발휘하기 어렵다는 징후이다.

이런 맥락에서 전 지구적인 차원으로 새로운 사회 시스템의 프레임을 제시하
려는 미래학적 연구가 급증하고 있다. 이렇게 세계체계의 미래를 준비하는 일
과 미래사회의 혁신적 인재를 육성하는 일이 교차하고 역동하는 장소가 바로 교
육이며, 그 중심에 대학이 있다. 단순히 지식습득에만 머물지 않고 새로운 결합
을 통해 새로운 지식생성을 주도하는 지식창조시대에는 이전과 비교할 수 없을
만큼 많은 지식과 기술이 활용 가능해진다. 이를 시스템적 관점에서 연결하고
융합하여 새로운 가치를 창출하며 사회적 영향력을 미치기 위해서는 대학의 혁
신적인 변화와 역량이 필요하다.

새로운 시대의 교육시스템이 새롭게 변화하기 위해서는 새로운 동력을 찾아
내야 한다. 새로운 동력이 새로운 분야나 기술만 의미하는 것은 아니다. 기존에

없는 새것을 창조할 수 있는 무형자산인 새로운 역량을 길러 주어야 한다. 즉, 새로운 교육시스템을 창출하는 산파 역할을 해야 하는 대학이 앙트러프러너십이라는 새로운 역량을 구비해야 할 것이다. 이에 앙트러프러너십을 통한 혁신적 변화와 창조를 이끈 대표적인 대학들로 미국의 애리조나 주립대학교와 미네르바 스쿨, 프랑스의 에꼴 42, 핀란드의 알토대학교 사례를 살펴보고자 한다.

1. 혁신 1위의 미래 미국 대학 모델 애리조나 주립대학교

애리조나 주립대학교는 최근 3년간 『US News & World Report』에서 선정한 가장 혁신적인 대학 순위에서 1위를 차지하여 미래 대학이 나아가야 할 대표적인 혁신의 본보기가 되고 있다. 본래 애리조나 주립대학교는 2007년 세계 금융위기를 맞아 애리조나주로부터의 교육비 재정지원을 5,500만 달러 삭감당하며 벼랑 끝 위기에 몰린 적이 있다. 하지만 10년 만에 미국 최고의 혁신 대학으로 완전히 탈바꿈하여 앙트러프러너십을 통해 위기를 기회로 만든 대표적인 대학 혁신사례로 말할 수 있다.

마이클 크로 총장은 대학 디자인팀을 구성하고 혁신 기업과의 협약을 통해 새로운 교육 프로그램을 도입했다. 또한 조직 구조 변화, 지능정보기술의 도입, 창업에 초점을 둔 교육과정 재구성, 학생들의 개별적 특성을 고려하는 적응적 학습 추진 등으로 기존 대학의 콘셉트를 탈피하고 전방위적 혁신을 추진하였다.

혁신 성과로 연구비 규모, 졸업생 취업률에서 모두 미국 상위 10위권 도달, 주립대 중 외국인 유학생 규모 1위, 우수 교수진(노벨상 5명 포함) 배출 등 최근 10년간 지속적으로 개선된 성과를 나타내었다.

애리조나 주립대학교의 혁신사례는 새로운 프로그램 도입뿐만 아니라 대학 구조의 변화, 외부 지역사회 기관들과의 연계, 실제적 변화와 창조를 위한 분명한 비전과 실천으로 대학혁신의 사사점을 제시하고 있다. 또한 대학의 혁신을 체계적으로 디자인하고, 공공선과 공동체의 건강, 복지를 고려하여 문화적 활력을 불어넣는 것을 책무로 삼았다.

애리조나 주립대학교는 소외 지역의 작은 연구중심대학에서 21세기 최첨단 R&D를 선도하는 연구중심대학으로 거듭나며, 학문적 플랫폼에 대한 접근성 확대, 학문의 융·복합화로 실용적인 R&D 실행, 대학의 사회적 영향력 확대라는 3개의 전략을 바탕으로 발전하였다. 이러한 전략을 바탕으로 2002년부터 2013년까지 학생 수 7만 6,771명으로 38.3% 증가, 소수집단 출신 학생 수 2만 6,732명으로 133% 증가, 풀브라이트 장학생 3위, 연구비 4.25억 달러로 3.5배 증가, 미국 내 의과대학이 없는 763개 대학 중 연구비 규모 15위, 전 세계 대학 중 연구자에게 교부한 특허권 순위 33위, 연구비로 창출한 가치 10위(1천만 달러당 3억 달러로 30배 가치 창출), 미국 내 비즈니스 인큐베이터 프로그램 10위(11개사 창업, 벤처 자금 6,800만 달러), SkySong 글로벌 비즈니스 혁신센터를 통한 800여 종의 직업 창출로 4억 6,000만 달러의 경제 효과를 거두는 등 눈부신 성장을 하여 미국의 유수 대학으로 재탄생했다. 이렇듯 애리조나 주립대학교는 대학 자체의 혁신뿐만 아니라 앙트러프러너십이 추구하는 사회적 영향력을 보여 주는 대표적 모델이라 할 수 있다.

2. 교육의 틀을 바꾼 대학, 미네르바 스쿨

2014년, 대학 개념을 일순간에 뒤엎은 새로운 대학이 나타났다. 학생 29명으로 시작한 '미네르바 스쿨'이다. '아직 생기지 않은 직업에도 적용할 수 있는 인재를 키우는 것'이 이 대학의 목표이다.

미네르바 스쿨에는 물리적인 캠퍼스가 없다. 미국 샌프란시스코에 행정 본부가 있지만, 학생 교육용은 아니다. 학생 강의실도, 연구실도, 도서관도 없다. 대신 학생들은 입학과 동시에 전 세계 도시 속으로 흩어진다. 1학년 샌프란시스코, 2학년 서울, 하이데라바드(인도), 3학년 베를린, 부에노스아이레스, 4학년 런던, 타이베이로 수업 장소를 옮긴다. 이들은 정해진 장소에 앉아 책 읽고 공부하지 않는다. 모든 수업은 온라인으로 듣는다. 세계 7개 도시에 흩어져 있는 교수와 학생들이 시간에 맞춰 노트북을 연다. 수업 전에 영상 강의를 미리 듣거나 논문이나 책을 읽고 와서 토론식으로 수업을 한다.

나머지 시간은 기업과 사회현장으로 뛰어들어 직접 몸으로 부딪히면서 현장 경험을 한다. 구글, 아마존, 우버와 공동 프로젝트를 하고, 비영리단체, 공공기관에서 사람들을 만난다. 이러한 프로젝트나 실습은 학생 개인의 관심에 따라 기업, 관공서, 시민단체 등에서 다양하게 선택할 수 있다. 이 모든 것이 이 대학의 정규교육과정이다.

현재 470명의 재학생이 있으며, 2017년 신입생 200여 명 모집에 70개국 2만 3,000명이 몰렸다. 합격률이 2%로 하버드대학교(4.6%), MIT(6.7%)보다 들어가기 어려운 대학이 됐다. 아이비리그 대학을 붙고도 미네르바를 선택하는 학생이 늘고 있다. 1년 학비는 2만 9,000달러(한화 약 3,100만 원), 미국의 웬만한 사립대의 3분의 2 정도 수준이다. 다른 대학처럼 넓은 캠퍼스를 갖추느라 부동산을 매입해 건물을 짓지 않아도 되기 때문에 상대적으로 저렴한 학비로 대학을 운영하는 게 가능하다.

미네르바 스쿨 학생들은 인문학부터 코딩에 이르기까지 전 분야를 통섭적으로 배운다. 3학년 때 선택할 수 있는 전공과목을 예로 들어보면, '사회과학과 뇌신경과학' '컴퓨터과학과 데이터과학'처럼 모든 과목이 2~3개의 세부 전공분야로부터 융합돼 있다. 수업은 실시간으로 이루어지며 녹화 수업은 아니다. 교수는 모션 컨트롤을 이용해 조금 더 효과적인 설명을 할 수 있으며, 일방적인 수업이 아닌 쌍방향 수업이 될 수 있도록 다양한 장치가 준비돼 있다. 이에는 실시간 투표라든가 실시간 실험, 강화된 토론 기능 등이 있다. 또한 협력적으로 문서작업을 할 수도 있으며 수업 도중 조를 나누어서 조별 활동을 할 수도 있다. 가끔 교수와 상담이 필요할 때는 영상을 통한 화상 상담이 가능하다.

미네르바 스쿨은 기존 대학 캠퍼스와 다르게 주변 환경과 적극적으로 교류하도록 디자인되어 있다. 기숙사 장소는 주변 이웃 분위기, 교통옵션, 프로젝트를 수행할 공공기관과 기업, 공원과 문화활동지는 물론 편리한 쇼핑, 음식 등이 고려되어 정해졌는데, 이 모든 것은 각 도시에서 최상의 다양한 경험을 할 수 있도록 돕는다. 이러한 맥락에서 미네르바는 주변 환경을 적극 이용해 실제적 경험과 문화적 이해를 높이고, 대학운영금도 낮춰 학비를 줄인다. 이는 대학과 지역사회의 상생을 추구하는 미네르바 스쿨의 사회적 영향력으로 볼 수 있다.

3. 에듀테크의 혁신! 놀이가 배움이 되는 곳, 에꼴 42

4차 산업혁명은 피할 수 없는 세계사적 흐름이 됐지만, 다소 두려움으로 다가오는 것도 사실이다. 200여 년 전 산업혁명기, '기계가 일자리를 빼앗아 갈 것'이라 생각한 영국 노동자들의 관념이 2017년을 배회하고 있다. 여기에 일자리가 사라질 것을 마냥 두려워하기보다 인공지능 생태계에 필요한 인재를 공격적으로 양성하는 곳이 있다. 프랑스 파리에서 시작해 미국 실리콘밸리, 남아프리카공화국, 우크라이나, 루마니아, 몰디브 등으로 확대되고 있는 정보기술(IT)인재 사관학교 '에꼴 42'이다. 파리 몽마르트르 언덕 너머에 있는 이 학교는 지난 2013년 프랑스 이동통신사 '프리모바일'의 회장 자비에 니엘(Xavier Niel)이 사비를 털어 세웠다.

교실에는 교수도, 교단도 없다. 오직 코딩 작업(컴퓨터 프로그래밍)에 몰두하는 학생과 100여 대의 컴퓨터만이 있을 뿐이다. 에꼴 42에서의 컴퓨터 작업은 마치 RPG(역할수행) 게임과 흡사하다. 전사, 마법사, 궁수, 기사 등 자기 역할을 골라 공격 스킬을 연마하듯 그래픽, 정보보안, 웹, 알고리즘 등 원하는 분야를 골라 단계별로 코딩 기술을 습득한다. 이렇게 미션을 수행할수록 경험치를 얻고 경험치가 차면 레벨이 올라가는 비디오게임 방식의 교육 프로그램도 에꼴 42가 직접 개발했다.

대다수 대학에는 있지만 이 학교에만 없는 세 가지가 있다. 바로 교수와 졸업장, 학비이다. 기존 소품종 대량 생산형 산업구조선 인재를 평가할 기준으로 졸업장이 중요했다. 졸업장은 일정한 지적 소양과 성실성을 입증할 유일한 증거였기 때문이다. 또 교육자의 강의 위주 수업은 대량 생산형 산업사회에 필요한 인재를 길러 내기에 충분한 방법이기도 했다. 예외도 있지만, 프랑스에선 공업 단기대학 졸업생은 블루칼러, 일반 대학 졸업생은 화이트칼러 노동자가 돼 생산과 판매 업무의 분업을 이뤘다. 고급 전문대학(Grandes Écoles) 출신들도 경영과 회계, 법률 등 전문적인 영역을 맡으면서 교육 시스템이 산업사회에 조응하는 구조를 갖춰 나갔다.

그러나 4차 산업혁명의 흐름에선 기존 교육 시스템과는 어울리지 않는 일자리가 생겨난다. 인공지능과 빅데이터, 사물인터넷 등 IT 기술을 활용해 사회에 필요한 솔루션을 만들어 내는 직업군에선 졸업증서가 쓸모없어지게 되는 것이다. IT 기업들은 당장 현장에 투입해 프로그램을 개발해 낼 수 있는 '코딩 능력'을 원한다. 에꼴 42는 이 때문에 졸업장 없는 코딩 전문학교가 된 것이다. 에꼴 42 교무부장인 올리비에 크루제는 "재학생 중에선 수료 전에 이미 취업하는 사례가 허다하다."라며 "기업들은 인턴십을 거친 에꼴 42 교육생의 셋 중 한 명은 당장 현장에 투입해도 손색이 없다는 평가를 한다."라고 설명하기도 했다.

교수의 존재도 창의성, 독창성을 앞세워야 하는 IT 세계에선 거추장스런 존재로 판단되었다. 학생이 배워야 할 정보는 모두 인터넷에 널려 있고, 자신이 모르는 것은 동료와의 팀 프로젝트 속에서 스스로 배울 수 있다는 것이다.

이렇게 졸업장과 교수, 수업도 없는 에꼴 42는 연 1천 명 모집에 7만 명 이상이 지원한다. 또한 에꼴 42의 입학시험은 까다롭기로 유명하다. 입학하긴 어렵지만, 일단 들어오면 학교는 학생을 위해 모든 프로세스를 맞춘다. 시설은 24시간 개방되고, 획일적인 개강, 종강 날짜도 없다.

이 학교를 운영하는 데는 정부 자금도 들지 않는다. 스스로 정부 지원을 받기를 거부하기 때문이다. 자비에 니엘 회장은 "정부 지원을 받게 되면 제도권 공교육으로 편입돼 '24시간 학교 개방'과 같은 독특한 교육 방식이 정부 당국의 규제를 받게 된다."라며 "올랑드 전 대통령이 이곳을 방문했을 때도 여기저기서 잠을 자는 학생들이 있었다."라고 말했다.

미래사회를 대비한 에꼴 42의 혁신사례는 미래대학이 어떻게 나가야 하는지를 보여 주는 대표적인 사례이다. 이는 실제적 문제를 기반으로 창의적으로 문제를 해결하고 새로운 솔루션을 창조하는 학생들을 기업은 졸업장도 없는 학교에서 앞다퉈 영입하려는 놀라운 변화를 가져왔다. 미래사회는 더 이상 지식을 습득하는 것이 아니라 지식을 창조하는 것임을 에꼴 42는 말해 주고 있다.

4. 창업을 통해 사회 공헌에 이바지하는 대학, 핀란드 알토 대학교

핀란드 알토 대학교는 학생 중심의 실제적인 창업과 사회공헌을 위한 지원이 필요한 곳임을 공감한 사람들을 통해 새롭게 시도된 혁신학교로 교육, 학생, 교류, 이벤트, 액셀러레이션 등 창업과정을 통해 학생 중심의 스타트업을 표방하는 대표적인 혁신학교이다.

알토 대학교의 대학 내 인턴십 프로그램과 비영리조직인 'Startup Sauna'는 협업공간을 제공하면서 1,300개의 스타트업을 코칭하며, 핀란드의 Nokia, 독일의 Audi를 비롯한 유수의 기업들과 산학연계 프로그램을 진행 중이다.

기술과 디자인에 과학, 예술을 접목해 아카데미와 산업의 병합을 최종 목적으로 하는 알토 대학교의 Learning Center는 센터 건물 자체의 독창성과 더불어 혁신적인 콘텐츠를 포함하는 글로벌 연구실이다. 또한 헬싱키 중심가에 건립해 일반 시민들이 도서관처럼 방문하고 각종 콘텐츠를 활용할 수 있도록 함으로써 사회와 공존하는 학습의 장으로 사회에 기여하고 있다.

알토 대학교는 창의적인 디자인, 도시계획, 인간 행동론을 기초로 한 지속가능한 발전에 가장 큰 목표를 두고 공공기관, 대학, 기업이 연계되어 다양한 연구 프로그램을 운영하여 지역사회와 국가와의 연구개발 리빙랩의 역할을 수행하고 있다. 또한 아이디어 대회 및 포럼을 통해 직접적으로 기업과 함께 움직이는 살아 숨 쉬는 교육의 장을 구축하는 대학이다. 그 첫 발판으로 아우디와 알토 대학교가 연계하여 총 8,000유로의 상금을 내걸고 개최한 '아우디 신 A1 모델 디자인 대회'는 알토 대학교 디자인대학 학생들의 독창적인 아이디어를 단순히 학업 수준에 머물게 하지 않고 현장으로 이끌어 내고자 하는 데 의의를 두고 시행되었다.

한편 대학을 넘어선 국제적인 협력 네트워킹을 위해 국제 공동프로젝트를 진행하였다. 'ALTO Venture Program(AVP)'은 학생들에게 창업에 대한 코칭, 네트워킹 기회 등을 제공하는 행사로 전 세계에서 온 70개국 1,600여 명의 학생을 대상으로 확대하여 운영하였다. 이는 학생 주도의 실제적 창업과 스타트업 노하우 공유를 지원하고 국제적 협력 네트워킹을 통해 축적된 지식을 기반으로 지역사회와 국가에 공헌할 수 있는 생태계를 구성하는 데 대학이 중심 역할을 한 대표적인 사례로 볼 수 있다.

제2부

앙트러프러너십
역량개발 프로세스

06 공감적 문제발견

07 창의적 문제해결

08 구현

09 사회적 파급

06 공감적 문제발견

1. 공감적 문제발견하기

앙트러프러너십 발현 과정에서 상황을 바르게 이해하고 문제를 제대로 발견하는 것은 매우 중요한 일이다. 앙트러프러너십은 단순히 창의적 사고 발현의 범주를 넘어 현실의 상황에서 문제를 발견하고 이를 새로운 방식으로 해결하는 실천적 창의성이다. 이렇게 발견되는 문제는 한 개인이 주관적으로 느끼는 문제의 범주를 넘어서 다수가 공감하는 공유된 문제인식이어야 한다.

삶의 다양한 상황 속에서 개개인은 인식 여하를 불문하고 많은 문제에 직면하며 이들을 각자 나름의 방식과 태도에 따라 처리하고 있다. 문제 처리 방식은 생활 습관에 따라 자동적으로 이루어지는 것이 있는가 하면 문제에 대한 개인적 반응양식의 차이에 따라 다양한 사고의 과정을 통해 처리하는 보다 복잡한 것도 있다. 생활 속의 문제해결을 통하여 개개인은 각자 나름으로 다양한 삶의 모습을 유지하고 있는 것이다. 개인적 수준에서 창의성을 발휘한 것들은 대개 개인적 생활의 개선을 가져올 수 있으나 전반적인 사회적 변화로 이어지는 것과는 차이가 있다. 즉, 창의적 변화의 개인적 수준과 사회적 수준의 차이는 결국 문제인식자의 인식 범주에 기인한다고 할 수 있다. 한 개인 수준에서의 문제인식이냐, 사회적으로 다수가 공감하는 문제인식이냐 하는 것은 그 문제해결의 영향력에서 큰 차이를 보일 수밖에 없다. 따라서 사회적 변화를 유인하고자 하는 앙트러프러너십 발현의 과정에서는 공감적 문제발견이 필수적인 요소이다.

공감(empathy)은 미안한 마음 또는 그 비슷한 감정을 가지는 것이나 동정하는 것이 아니다. 흔히 말하듯이 정서적인 관점에서 남의 감정을 알아주는 것과는 다른 것이다. 자세히 관찰하고 상대방에게 경청하며 질문을 통해 사용자들이 무엇을 원하는지 파악하는 것을 말한다.

공감이란 관심이 있는 분야나 상황에 관련된 사람들을 만나고 관찰하고 이해하면서 그들의 외적 요구나 내적 요구를 탐색하는 것을 말한다. 관심을 두고 있는 대상자들이 어떤 사람들인지, 그들에게 가장 의미 있고 중요한 것이 무엇인지 공감을 통해 알아내는 것이다.

1) 공감적 문제발견의 과정

현상 파악(관찰, 인터뷰) → 본질 확인 → 문제의식 추구 → 문제 정의

〈표 6-1〉 공감적 문제발견 과정 예시

1단계: 현상 파악
- 남녀공학의 학교에서 성장기에 있는 중·고등학생들이 하루의 대부분을 좁은 교실에서 보낸다.
- 편히 쉴 공간이 없다.
- 자유시간인 점심시간에는 남학생이 거의 운동장을 점거한다.
- 여학생은 운동장마저 사용을 못하고 있다.
- 운동장에 남학생들이 뛰어다니거나 공들이 굴러다녀서 여학생들이 다칠 우려가 있다.

2단계: 본질 확인
- 운동장은 학교의 교육 목적을 이루기 위하여 학생의 신체적 활동과 성장을 위해 설정한 공간이다.
- 성장과 배움은 전인격적으로 일어나야 하며, 다양한 상호작용이 발생할 수 있는 공간이 필요하다.

3단계: 문제의식 추구(아이디어 발상과는 구별)
- 운동장에 여성전용 존(zone)이 있어야 하지 않나?
- 왜 운동장은 공원 같은 공간이면 안 될까?
- 왜 운동장에서 운동 이외의 다양한 이벤트를 하면 안 될까?

- 왜 운동장에 학생들이 신체 활동을 즐길 수 있도록 더 개선된 다양한 시설을 설치하지 못할까? 어떻게 수십 년간 유지되어 온 옛날의 기본 개념이 반영된 운동장의 모습이 바뀌지를 않는가?
- 운동장 이름을 좀 바꾸면 안 될까? 운동장이 어떻게 운동만 해야 하는 공간인가?

   <u>4단계: 문제 정의</u>
- 운동장은 모든 학생을 위한 공간이며, 다채로운 활동의 장이 되어야 하는데 왜 그렇지 못할까?

---

2) 공감적 문제발견을 위한 실행요소

(1) 관찰

관찰할 때는 가능한 한 모든 것을 새롭게 온전히 바라볼 수 있는 자세가 필요하다. 이를 통해 사람들이 무엇을 하고 환경과 어떻게 상호작용하는지를 보면서 대상자들의 생각과 느낌을 추측해 보는 것이다. 이러한 관찰은 주로 외현적 현상에 한정되며 공감적 문제발견을 위한 가장 중요한 활동이라 할 수 있다. 대상이 되는 물건이 놓여 있거나 활동이 이루어지는 실제 현장에서 상황에 영향을 끼치는 의도적 개입 행위를 하지 않고 자연스러운 상황 그대로를 관찰하는 것이 중요하다. 관찰을 진행할 때는 관찰내용을 기록하고 효과적인 내용 기록과 파악, 보존을 위하여 영상 촬영을 할 수도 있다.

(2) 인터뷰

관찰을 통해 알 수 없는 내적인 요구를 파악하는 데 필요한 방법이다. 인터뷰 과정에서 사람들이 말하는 내용도 중요하지만 이 과정에서 사람들이 말하고 행동하는 양식을 파악해 내는 것도 중요한 과제이다. 말로는 드러나지 않는 이면적 문제의 발견도 이를 통해 가능하다. 김자인은 공감적 발견을 위한 인터뷰의 가이드라인을 다음과 같이 요약하고 있다.

- '보통'이라는 말을 하지 않는다. 예를 들어, "보통 언제 박물관에 가는가?"라고 묻기보다는 "최근에 언제 박물관에 방문했는가? 방문의 목적은 무엇

인가?"라고 묻는다.

- "예, 아니요."나 단답적 응답 또는 답을 유도하는 질문을 하지 않는다. 예를 들어, "어떤 박물관을 제일 좋아하는가?"보다는 "가장 인상 깊었던 박물관 경험을 말해 주세요."라고 요구한다.
- 질문은 간결하게 하지만 항상 '왜'를 물으며 "더 말씀해 주세요." 또는 "왜 그런가요?"라고 물어 표면적인 응답 아래 숨은 진실을 알아내려고 노력한다.

방법적으로 인터뷰를 실시할 때는 미리 준비한 질문지를 갖고 진행하거나 질문지 없이 자유대화형식으로 심도 있게 진행할 수도 있다. 미리 준비한 질문지를 갖고 하는 경우는 고정적 질문을 통해 응답자 간의 비교를 용이하게 할 수 있다는 장점이 있으며, 자유대화형식은 대상자의 심층적인 부분까지 알아낼 수 있으나 인터뷰에 숙련된 조사자가 취할 수 있는 방법이다.

(3) 현장체험

현장체험은 문제가 되는 현장에서 이용자들의 상황인식을 체험적으로 알아내고자 하는 것이다. 이를 행할 때는 현장에서 조사자 본인이 자신의 입장에서 느껴 보는 것도 중요하지만, 대상자들의 입장에서 감정이입적으로 현장을 느껴 보고 조작을 해 보며 행동을 하는 것이 문제에 대한 실제감을 느끼기에 더욱 도움이 된다. 머릿속으로 대상을 정하여 상황을 유추하는 것보다는 현장에서 실제로 느껴 보고 문제상황과 관련된 물건을 직접 움직여 보는 것이 문제를 대상자 입장에서 느껴 보도록 해 준다는 점에서 가치가 있다.

관찰, 인터뷰, 현장체험이라는 세 가지 실행요소는 문제 자체가 아니라 그 문제에 처한 사람의 생각, 느낌, 행동에 초점을 둔다는 점에 큰 의미가 있다. 이러한 문제 접근방식은 사회적 변화에 초점을 둔 발상을 유인하는 기초적 설정이 된다.

(4) 실행요소에 따른 대상자 범주의 설정

앞에서 언급한 공감적 발견을 위한 실행요소들은 두 가지 단계로 진행할 필요가 있다. 문제상황과 관련한 일반적 대상인식을 위한 초기적 실행과 특정 대상으로 한정한 대상 초점화 실행이다.

일반적인 문제상황과 대상의 관계인식을 위한 초기의 실행을 통해 해당되는 문제의 상황이 어떤 대상자와 더욱 연관성이 큰 것인지를 파악하며 대상자를 특정할 수 있게 된다.

이후 이어지는 대상 초점화 실행을 통해 특정 사용자 그룹을 지정하여 보다 깊이 있게 조사한다. 이렇게 대상을 좁히는 것은 예상하지 못한 통찰을 얻기 위해 필요한 작업이다. 예를 들어, 과학관을 찾는 학생들을 대상으로 하는 프로그램을 개선하려고 할 때, 과학관을 찾는 학생이라는 넓은 범주를 설정하기보다는 초등학교 고학년, 영재교육 프로그램을 이수 중인 중학생, 이과계열의 1학년 여고생 등으로 구체적인 특성을 가진 대상을 고려하는 것이 아이디어를 얻는 데 유리하다.

(5) 공감적 발견을 위한 실행 중 고려사항

공감적 발견을 위한 관찰 또는 기록을 할 때 CATWOE의 요소를 고려하여 내용을 진술하는 것이 유용하다. 상황 속에 내재한 문제의 본질정의를 위하여 필요한 핵심요소들을 빠뜨리지 않고 고려할 수 있기 때문에 도움이 된다.

- Customers: 누구를 위한 문제해결인가? 문제해결의 혜택은 누구에게 돌아가는가?
- Actors: 문제와 관련되어 있는 사람들은 누구인가? 문제와 직간접적으로 관련되어 있는 사람들은 각각 어느 정도의 깊이로 연관되어 있는가?
- Transformation process: 사람들 간 또는 사람과 사물 간의 관계에서 어떤 특별한 상호작용을 관찰할 수 있는가? 어떤 규칙적인 것(routine)을 발견할 수 있는가?
- World view: 문제에는 어떤 관점들이 개입되어 있는가?
- Owner: 문제해결의 결정권을 가진 사람이 누구인가? 그에게 문제는 어떤 것인가?
- Environmental constraints: 환경적 제한 요인은 무엇인가? 환경 속에서 확

인할 수 있는 물건이나 도구는 무엇인가? 이 물건이나 도구가 사람들의 행동과 어떤 관계를 갖는가?

〈표 6-2〉 문제 사례에 따른 CATWOE 예시

지은 지 15년 된 A 아파트에 있는 어린이 놀이터는 평소 이용하는 어린이가 많은 편이나 매우 낡아 주민들의 개선 요구를 종종 받는다. 최근 시설 점검에서 어린이들에게 위험한 요인도 발견이 되어 시급한 개선이 필요한 상황이다.

• Customers: 입주민(어린이)의 이용 목적에 부합하는가? 이용에 불편함이나 위험요소는 무엇인가?
• Actors: 놀이터의 관리는 누가, 얼마나 자주, 어느 정도로 하고 있는가?
• Transformation process: 놀이기구의 상태는 어떠한가? 이용자의 놀이기구 이용 상황은 어떠한가? 이용자는 놀이터를 어떻게 이용하고 있는가?
• World view: 입주민이나 이용하는 어린이들이 바라는 것은 무엇인가? Owner의 관점은 무엇인가? 놀이터는 어떤 곳이 되어야 하는가?
• Owner: 놀이터의 개선에 대한 결정권은 누가 가지고 있나? 그는 놀이터에 대해 어떤 생각을 가지고 있는가?
• Environmental constraints: 놀이터를 이용하는 어린이의 수는 얼마나 되는가? 아파트 단지 내에서 놀이터의 접근성은 양호한가? 주변 환경의 위협요소는 무엇인가?

〈표 6-3〉 인터뷰 활동지

인터뷰

20　년　월　일 실행자:

일자		답변자	
주제			
순서	질문 내용	답변 내용	
1			
2			
3			
4			
5			

〈표 6-4〉 관찰 활동지

관찰기록

20 년 월 일 실행자:

기록 대상:

[관련자들] - customers, actors, owners
•
•
•

[환경 요인]
•
•
•

[문제 발생 및 영향 과정]
•
•
•

[관점의 발견]
•
•
•

[기타]
•
•
•

2. 파운딩 팀 구성 및 빌딩하기

앙트러프러너십의 육성과정은 팀 활동을 기반으로 한다. 물론 개인적 차원의 역량 개념으로 이해할 수도 있으나 앙트러프러너십이란 실질적 수행과 더불어 그에 따른 사회적 변화와 영향력을 전제한 것이므로 그 성과의 극대화 및 효과성 고양을 위해 팀 활동이 보다 유리하다. 특히 앙트러프러너십의 개발과정은 혁신과 도전에 의한 실질적 문제해결의 과정이기 때문에 문제를 발견하고 효과적으로 해결하기 위한 파운딩 팀(founding team)을 구성해야 한다. 특히, 파운딩 팀을 구성할 때에는 해결하는 문제의 요인이나 해결방향에 따라 깊이 있는 결과를 얻을 수 있도록 관련 분야에 전문성이 있는 구성원이 함께 하는 것이 필요하다. 즉, 전문지식과 관련 분야에 있어 다양성을 확보하는 것이 필요하다.

팀이란 단순히 구성원들이 모인 집합 그 이상의 의미를 갖는다. 팀은 공동의 목적, 실행목표, 상호 책임, 보완적인 능력을 갖춘 소수 인원의 모임이다. 구성원들의 개별적 특성, 구성원 간 결속의 정도, 팀 구성에 대한 가치 공유의 정도 등에 따라 팀은 다양한 특성을 보일 수 있다.

셍게(Senge)에 따르면 팀은 현대 조직에서 기본적인 활동 단위이며, 한 그룹에서 구성원들이 공동으로 원하는 결과들을 창출할 때, 팀 활동이 필요하다고 하였다.

1) 효과적인 팀의 특성

- 함께 생각하고 일하는 방법을 알 수 있도록 각 구성원의 강점과 약점을 판단하는 것이 중요하다.
- 팀은 구성원들이 성취하고자 하는 것에 대한 공유된 미래상을 구축해야 한다.
- 팀은 팀의 최대 잠재력을 얻을 수 있도록 각 구성원의 역량과 강점을 지속적으로 정비하는 방법을 알아야 한다.
- 팀 구성원들은 팀의 미래를 위해 개인의 이익을 희생해서는 안 된다. 팀의 공유된 미래상은 각 구성원 개인 비전의 연장이어야 한다.

• 각 팀 구성원은 언제 대화와 토의를 선택적으로 사용할 것인지 알아야 한다.

2) 팀 빌딩을 위한 진단도구

팀 활동의 효과를 높이기 위해서는 진단도구를 이용하여 팀 구성원의 성향을 파악하는 것이 필요하다. 본 과정에서는 커리어앵커를 진단도구로 이용하여 팀 빌딩에 활용한다.

커리어앵커란 개인의 전 생애를 통틀어 일과 관련된 과정(career)에서 흔들리지 않고 중심을 잡아 주는 내부의 진로역량을 의미하는 것이다. 이는 마치 거친 바다에서 꿈을 찾아 항해하는 드림 보트(dream boat)에서 배의 중심을 잡아 주는 닻과 같은, 나만의 중심축을 말한다. 40개의 자가진단 문항 응답 결과에 따라 여덟 가지의 커리어앵커 범주(전문가, 총괄 관리자, 자율성/독립성, 보장성/안정성, 창업가, 봉사/헌신, 순수한 도전, 라이프 스타일)로 개인의 진로역량을 진단할 수 있다.

〈표 6-5〉 커리어앵커 범주

커리어앵커	성향
전문가적 역량(TF)	조직에서 전문적인 지식과 기술을 추구하고 발휘하기를 원함. 구성원과 목표 설정을 공유할 의지가 있으며 일의 수행을 위해서는 모든 종류의 자원을 제한 없이 사용하기를 원함
총괄관리자 역량(GM)	높은 수준의 책임감, 도전적이고 다양하며 통합적인 일, 리더십을 발휘할 수 있는 기회, 조직의 성공에 기여할 수 있는 기회를 원함
자율성/독립성(AU)	조직에서 일하더라도 자율적으로 일하고 자신의 계획과 방식에 따라 일을 처리하고 싶어 함
보장성/안정성(SE)	조직에서 자신의 역할에 대한 안정감을 느끼고 조직의 점진적이고 예측 가능한 업무를 수행하고 싶어 함
창업가 역량(EC)	창조적인 아이디어를 조직이나 생산품 등으로 구체화하여 가치를 창출해 내고자 하는 욕구를 가짐
봉사/헌신(SV)	어떤 동기나 가치에 집중하여 그 가치실현을 지향함
순수한 도전(CH)	불가능해 보이거나 해결하기 어려운 문제를 극복하는 도전 자체에 의미를 두고 끊임없이 도전을 추구함
라이프 스타일(LS)	조직을 위해 기꺼이 일하기를 원하고 규칙과 규제를 받아들이지만 일과 삶의 조화를 추구함

〈표 2-6〉팀 빌딩 활동지

파운딩 팀 빌딩

20　년　월　일　실행자:

팀명	
팀 목표	
팀 약속	
팀 구호	

팀원 이름	할 일	커리어앵커

〈표 6-7〉 Schein의 커리어앵커 진단지

번호	문항	낮다			높다
		1	2	3	4
1	내가 맡고 있는 일을 매우 잘해서 다른 사람들에게 전문적인 조언을 해 주고 싶다.				
2	다른 사람들의 일을 총괄하고 지휘할 수 있을 때 성취감을 느낀다.				
3	내 방식과 스케줄에 따라 일할 수 있는 충분한 결정권이 있는 일을 하고 싶다.				
4	나는 항상 내 사업을 하기 위한 아이디어를 구상한다.				
5	보장성과 안정성이 자유와 자율보다 더 중요하다.				
6	개인적이거나 가족과 관련된 일에 지장을 초래하는 업무를 맡게 되면 차라리 그 일을 그만두겠다.				
7	사회를 위해 실질적인 기여를 했다고 느낄 때만 내 일에서 성공했다고 느낄 수 있을 것이다.				
8	항상 어려운 문제를 던져 주고, 그 문제에 도전하도록 하는 일을 하고 싶다.				
9	내가 가진 전문적 능력을 최고 수준에 올려놓아야만 성공했다고 느낄 것이다.				
10	나는 조직 전체의 총괄 책임자가 되고 싶다.				
11	나는 업무 스케줄 및 진행절차 등을 전적으로 자유롭게 정할 수 있는 일을 하고 싶다.				
12	조직 내에서 내 안전을 위협하는 일을 해야 한다면 그 조직을 떠나겠다.				
13	타인 소유의 조직에서 최고 경영자의 지위에 오르기보다는 내 사업을 키워나가는 것이 더 중요하다.				
14	일을 하면서 나의 재능을 타인을 위해 사용할 때 가장 큰 성취감을 느낀다.				
15	나는 매우 어려운 도전에 직면하여 그것을 극복하고 성취감을 맛볼 때 내 커리어에서 성공했음을 느낀다.				
16	나는 나 자신과 가족 그리고 나의 일이 내 생활에서 균형을 이룰 수 있는 직업을 원한다.				
17	내 관심 분야의 전문가가 되는 것이 여러 분야의 총괄 관리자가 되는 것보다 더 매력적이라 생각한다.				
18	나는 일에서 전적으로 자율과 자유가 주어진 상황에서 목표를 달성할 수 있을 때 더 큰 성취감을 맛볼 수 있다.				
19	나는 무엇보다 보장성과 안정성이 높은 조직에서 일하고 싶다.				
20	내 능력과 노력의 결과로 무엇인가를 이룰 때 성취감을 만끽한다.				
21	나는 한 조직의 모든 일을 총괄하는 관리자가 되어야만 성공했다고 생각한다.				

22	보다 나은 세상을 만들기 위해 내 기술을 활용하는 것이 내 커리어 선택을 하는 데 있어 가장 중요한 가치이다.				
23	나는 해결할 수 없을 것 같은 문제를 해결하고, 불가능해 보이는 것을 가능하게 만들었을 때 성취감을 느낀다.				
24	나는 개인, 가족 그리고 일을 추구하는 데 있어 적절한 균형을 유지하는 것이 진정한 의미의 성공적인 인생이라고 생각한다.				
25	나는 보장성과 안정성을 느낄 수 있는 일을 희망한다.				
26	내 전문 분야가 아닌 일을 맡게 된다면, 차라리 조직을 떠나겠다.				
27	최고 경영인이 되기보다는 개인적인 삶과 직업 생활을 균형있게 유지하는 것이 내게 더 중요하다.				
28	나는 인류와 사회에 실질적으로 기여할 수 있는 직업을 갖고 싶다.				
29	온 힘을 다해 나 자신의 생산품이나 아이디어인 무엇인가를 개발하거나 만들어 내는 일을 하기 원하며, 그 속에서 성공을 거둘 때 가장 큰 성취감을 느낄 것이다.				
30	내 전문 분야에서 깊이 있는 전문가가 되기보다는 여러 분야를 넓게 아우르는 총괄 관리자가 되기를 더 희망한다.				
31	나는 규칙과 제약에 얽매이지 않고 내 방식대로 일할 수 있는 것이 매우 중요하다고 생각한다.				
32	나는 문제해결능력을 강하게 요구하는 일을 하고 싶다.				
33	나는 개인 사업을 꿈꾼다.				
34	나는 그 무엇보다도 다른 사람에게 봉사하고 다른 사람을 돕는 일을 할 수 있기를 바라며, 다른 사람에게 스트레스를 주는 일을 맡을 바에는 조직을 떠나겠다.				
35	내 전문적 기술과 재능을 발휘할 수 있는 일을 할 때 가장 큰 성취감을 맛볼 수 있을 것이다.				
36	나는 사장과 같은 조직의 총괄 관리자가 될 수 있는 경력에서 멀어지는 일을 맡을 바에는 차라리 조직을 떠나겠다.				
37	나는 재정적으로나 직업적으로 내게 완벽한 안정감을 줄 때만 일에 더 몰입할 수 있고, 더욱 많은 성취감을 느끼게 된다.				
38	나는 자율과 자유가 보장되지 않는 일을 하느니 차라리 조직을 떠나겠다.				
39	나는 언제나 개인이나 가족 문제에 최대한 지장을 주지 않는 직업을 찾으려 한다.				
40	고위 관리직을 맡게 되는 것보다는 해결하기 힘든 문제와 씨름하여 일을 마무리하는 것이 내게는 더 중요하다.				

07 창의적 문제해결

1. 창의적 원인 분석하기

우리는 문제의 원인을 분석하면서 비로소 문제에 대해 심층적이며 근원적인 이해를 하게 된다. 이 단계의 활동이 단순한 원인 분석이 아니라 창의적 원인 분석이라는 것은 눈에 보이는 피상적인 원인들을 나열하는 것을 넘어서서 문제의 근본적 원인에 대한 분석이 필요하기 때문이다. 이를 위해서는 팀에서의 심도 있는 논의와 함께 필요한 지식기반을 구축하는 활동이 필요하며, 현장방문 및 문제에 대한 이해당사자와의 인터뷰 등의 적극적인 탐색 활동이 필요하다.

논의의 과정에서 활용할 수 있는 방법에는 여러 가지가 있겠지만 앙트러프러너십의 핵심은 팀 활동을 통하여 공감하는 문제의 다양한 원인을 찾고 그 해결책을 실현하는 실천적 창의성에 있다. 문제를 해결하는 창의적 방법은 그 문제의 원인을 어떻게 분석하는가에 있다고 해도 과언이 아니다. 즉, 창의적인 문제해결은 문제에 대한 창의적 원인 분석에서 시작되는 것이다. 원인에 대한 깊이 있는 분석이 이루어지지 않은 상태에서 해결책은 피상적인 경우가 많아 그것을 통한 사회적 변혁을 기대하기는 어려울 것이다.

1) 창의적 원인 분석을 위한 실천

이전 단계에서 선정한 공감적 문제에 대한 통찰을 통해 문제의 원인을 분석하는 과정은 팀원이 공유할 수 있는 지식기반을 구축하는 활동이 된다. 즉, 원인을 찾아가는 과정에서 필요하다면 추가로 정보를 수집하고 현장을 방문하고 이

해당사자들과 면담을 실시하는 등의 과정을 통해 문제를 해결하는 데 필요한 지식기반을 구축하게 되는 것이다. 따라서 어느 단계보다 시간을 충분히 할애하여 깊이 있는 논의를 실시할 수 있도록 해야 한다.

여기서는 문제의 원인을 밝히는 단계에서 활용할 수 있는 도구로 연화도법(Lotus Blossom)과 와이파이(Why Pie)를 제안한다.

① 연화도법

연화도법(Lotus Blossom)은 연꽃이 피어나듯 핵심 주제를 중심으로 관련된 아이디어를 안에서 밖으로 퍼뜨려 나가는 방식이며 새로운 아이디어를 얻고자 할 때 활용하는 도구이다. 빈칸의 숫자만큼 아이디어를 제시해야 한다는 점에서 강제적이고 또한 제한적일 수 있지만 체계적이고 균형 잡힌 방식으로 아이디어를 연상시켜 나갈 수 있는 효과가 있다.

일반적으로 연화도법은 아이디어를 발상하기 위한 방법으로 아이디어의 개수가 정해진 마인드맵과 같은 방법으로 활용된다. 가로와 세로 9칸으로 만들어진 표를 활동지로 활용하며, 중심에 핵심어를 쓰고 그것과 관련되는 생각들을 주변에 채워 가면서 아이디어를 발상하도록 하는 방법이다.

우선, 연화도법 학습지(9×9)를 준비한다. 그리고 용지 중앙에 중심 주제나 중심 문장을 기록하도록 한다([그림 7-1]에서 파란색). 다음으로 중심 주제어 주위를 완전히 둘러싸도록 8개의 관련된 아이디어를 적는다([그림 7-1]에서 분홍색). 이때 관련어들은 새로운 하위 주제어가 되며, 하위 주제어들은 각각 외곽에 있는 단위 도식 네모의 중심에 기록한다. 이후 하위 주제어들 주위에 관련된 새로운 아이디어를 채워가도록 한다([그림 7-1]에서 주황색). 활동지가 모두 채워지면 그 아이디어를 평가하고 선별하여 활동 결과를 발표할 수 있도록 안내한다.

연화도법을 통해 원인을 발견하는 과정을 보면, 중심 주제어로는 문제상황을 제시하고, 문제상황의 원인을 관련어로 기입한다. 또한 이들이 하위 주제어가 되어 이들의 원인을 관련어로 기입한다. 즉, 처음 문제상황의 원인을 탐색하고, 다시 이 원인에 대한 원인을 탐색해 보도록 함으로써 깊이 있는 원인의 탐색을 실행하는 것이다.

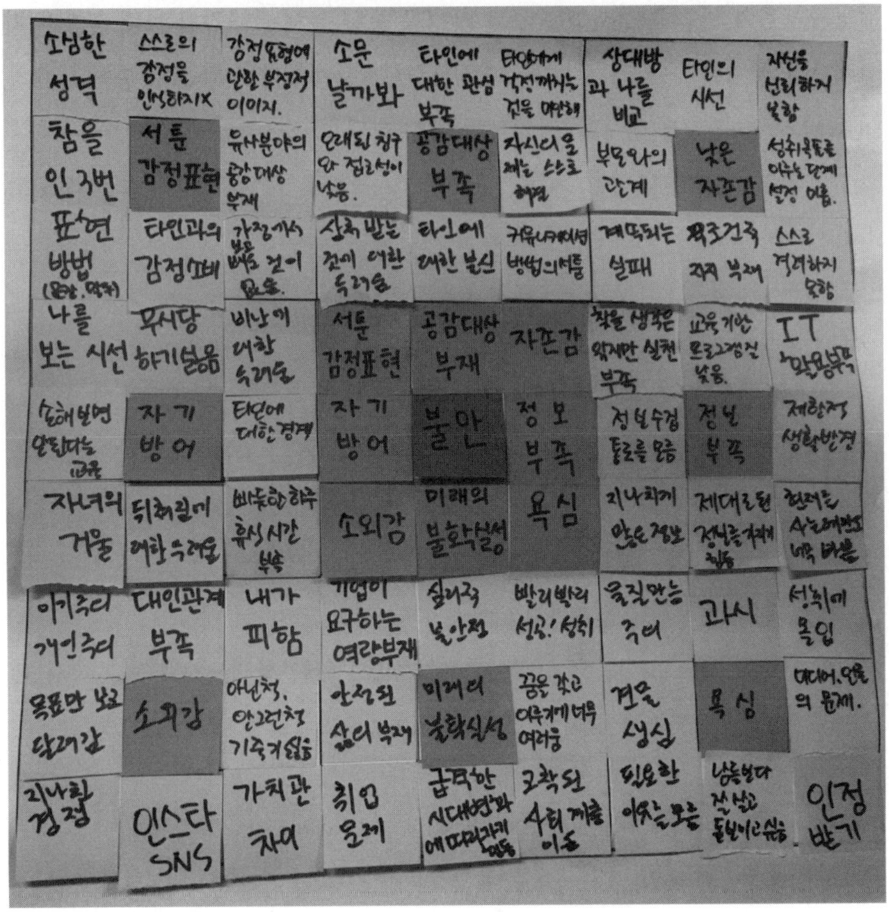

[그림 7-1] 대학생들이 느끼는 불안의 원인

출처: P대학교 수업자료(2017).

〈표 7-1〉 연화도법 활동지

하위 원인 1-1	하위 원인 1-2						
	원인1						
			원인1				
				주제어			

활용법

1. 용지 중앙에 중심 주제나 중심 문장을 쓴다.

2. 중심 주제어 주위로 관련된 아이디어를 적는다. 이때 관련어들은 새로운 하위 주제어가 되므로 각각 주변 도식의 중심에 한 번 더 기입한다. 원인 분석을 위해 사용할 때는 중심 주제어에 대한 원인을 쓰도록 한다.

3. 하위 주제어들 주위에 새로운 아이디어를 채워 가도록 한다. 원인 분석용으로 사용할 때는 하위 주제어에 대한 원인을 쓰도록 한다.

4. 모든 활동지가 채워지면 그 아이디어를 평가하고 선별하여 활동 결과를 발표할 수 있도록 한다.

② 와이파이

와이파이(Why Pie)는 문제의 심층적인 원인 분석을 위해 '왜 그러한 일이 발생하였는가?'라는 질문을 반복적으로 제시하여 원인을 심층적으로 논의할 수 있도록 제안한 도구이다. 연화도법의 경우 일혼 두 가지의 아이디어를 발상해야 하는 부담이 크기 때문에 아이디어의 양이 강조되어 있다면, 와이파이는 처음 주제에 대해서 네 가지의 원인을, 이후 두 단계에 걸쳐 각각 두 가지씩의 원인을 추가하도록 하였다. 즉, 처음 현상의 원인 네 가지에 대하여 각각의 원인 두 가지씩을 추가하고, 다시 이들 원인에 대해 하위 원인 두 가지씩을 추가한다. 총 세 단계의 원인 탐색을 통해 심층적인 원인 분석이 가능하도록 하였다.

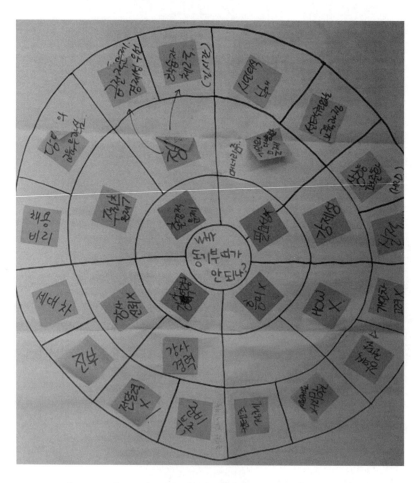

[그림 7-2] 기업교육 프로그램에 동기부여가 되지 않는 원인

출처: P대학교 대학원 수업자료(2018).

〈표 7-2〉 와이파이 발상법 활동지와 작성법

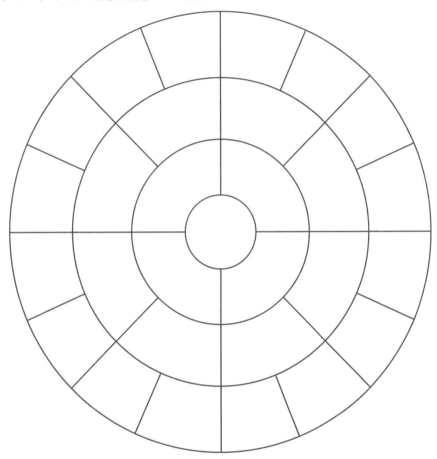

작성법

1. 동심원의 중앙에 중심 주제나 중심 문장을 쓴다.
2. 중심 주제어 주위로 원인이 되는 네 가지의 관련된 아이디어를 쓴다.
3. 하위 주제어에 대한 하위 아이디어(원인)를 두 가지 쓴다. 그러고 나서 다시 이들의 하위 아이디어(원인)를 두 가지씩 쓴다.
4. 활동지가 모두 채워지면 그 아이디어를 평가하고 선별하여 활동 결과를 발표할 수 있도록 한다.

2) 발견한 문제의 원인에 대한 분석

문제의 원인을 밝히기 위해 지금까지 활용한 도구는 아이디어 발산을 위한 방법이다. 즉, 연화도법과 와이파이는 키워드를 떠올리고 그에 관련된 요인을 제시해 보도록 하는 방법으로, 논리적 위계보다는 아이디어의 발산을 강조하고 있다. 따라서 이후에는 이렇게 다양한 아이디어를 논리적인 위계나 인과관계에 따라 분석하는 활동이 필요하다.

원인을 분석하기 위한 방법은 여러 가지가 있다. 팀원들이 직접 아이디어를 분류하고 각 원인의 인과 관계를 분석해 보도록 하는 방법을 활용할 수 있으며, 아이디어 분류를 위한 도구를 활용할 수 있다. 여기서는 발견한 문제의 원인에 대한 분석을 위한 도구로 어골도(Fishbone Diagram)를 소개한다.

① 어골도

어골도(Fishbone Diagram)는 문제의 1차적 원인을 분류하고, 분류한 원인의 하위 원인을 제시하도록 하여 문제의 원인을 논리적으로 분석할 수 있도록 도와주는 도구이다. 처음 개발자의 이름을 따서 이시가와 그림(Ishikawa-Diagram), 또는 원인 결과 그림(Cause and Effect Diagram)으로 불리기도 한다. 문제의 주요 원인과 잠재적 원인을 파악하고 그 원인들 간의 상호관계를 분석할 수 있다는

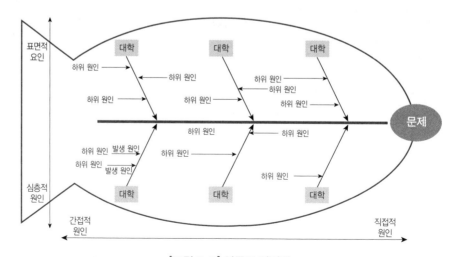

[그림 7-3] 어골도 작성법

장점이 있다.

　어골도를 작성할 때는 우선적으로 문제상황을 분석하여 문제를 물고기의 머리 쪽에 기록한 후 물고기의 머리에서 시작하여 꼬리까지 긴 화살표를 그려서 물고기의 등뼈를 그린다. 이 부분은 센터라인(center line)으로 이 라인을 따라서 생선의 뼈 형상으로 화살표를 추가하여 주요 원인을 작성한다. 이때 물고기의 뼈를 어떻게 그리는가에 따라 5~7개 정도의 주요 원인을 찾고 각각의 하위 원인을 찾도록 할 수 있는데, [그림 7-4]는 6개의 원인과 그 하위 원인을 찾도록 하였다. 이때 다양한 원인을 배치하는 방법을 제시할 수도 있는데 문제와 가까운 곳에 직접적 원인을 배치하고 먼 곳에 간접적인 원인을 배치한다든지, 물고기 뼈의 상단에는 표면적 원인, 하단에는 심층적 원인을 배치하는 등의 규칙을 제공하는 것이다. 하위 원인의 경우 화살표를 추가로 그려 작성할 수 있으며, 하위 원인에 대한 발생 원인을 다시 화살표 위에 작성할 수 있다.

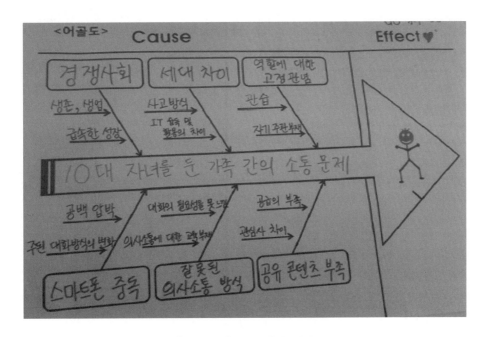

[그림 7-4] 어골도 활용 사례

출처: P대학교 수업자료(2018).

〈표 7-3〉 어골도 활동지

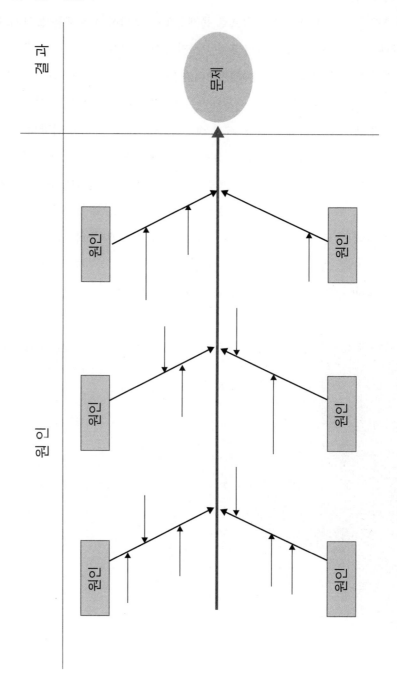

② 히트기법

히트기법(Hits Technique)은 다양한 의견 중 선택이 필요한 경우에 활용된다. 팀원들이 스티커나 마커 등을 가지고 선택의 기준에 따라 제시된 여러 의견 중 몇 가지 의견을 선택하여 표시를 한다. 모든 팀원이 표시를 마친 후에 그 결과를 보고 합의하여 최종 의견을 선택하게 된다. 히트기법은 아이디어를 수렴하는 과정에서 결과를 가시화하여 빠르게 의사결정을 할 수 있도록 도와주는 활용도가 높은 기법이다. 히트기법은 여러 의견이 제시된 상황에서 다양하게 활용될 수 있는데, 앞에서 활용했던 연화도법이나 와이파이, 어골도 활동을 할 때는 물론이고, 마인드맵(mindmap)이나 브레인라이팅(brain writing) 이후에도 다양하게 제시된 의견 중 몇 가지 의견을 선택할 때 활용할 수 있다.

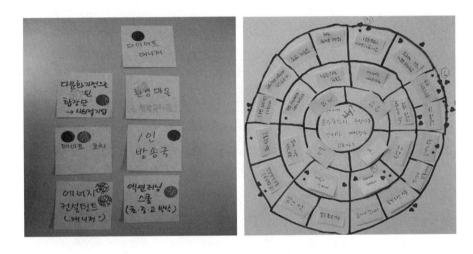

[그림 7-5] 히트기법 활용 사례

출처: G대학교 수업자료(2018).

히트기법을 실행할 때의 평가기준은 여러 가지로 생각해 볼 수 있다. 여러 가지 의견 중 실행 가능성이 높은 의견을 선택하도록 하거나 파급력이 높은 의견을 선택하도록 하든지 또는 제시된 여러 의견 중 본인이 판단하기에 가장 적절한 의견을 선택하고 그 이유를 제시하도록 하는 등 상황과 목적에 따라 다양한 방식으로 활용할 수 있다.

③ 의사결정 그리드

의사결정 그리드는 다양한 의견을 수렴하고 선택이 필요한 경우에 활용되는 방법이다. 구성원의 주관적 선택과 판단에 의해 히트를 표시하고 그에 대한 논의가 진행되는 히트기법과는 달리 의사결정 그리드는 팀원들이 의사결정에 필요한 두 가지 기준을 선택하여 그것을 기준으로 각각의 의견에 대한 평가를 실시하여 최종적으로 결정할 수 있도록 하는 도구이다. 실행을 염두에 둔 문제해결의 상황에서는 파급효과와 실현가능성을 기준으로 하는 경우가 많다. 이러한 기준은 다양한 해결 방안 중에서 가치 있으면서도 실현가능성이 높은 방안을 선택하기 위해 선정한 기준이다.

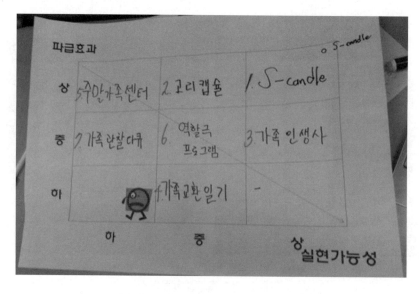

[그림 7-6] 의사결정 그리드 활용 사례

출처: P대학교 수업자료(2018).

[그림 7-6]은 일곱 가지 의견 중 파급효과와 실현가능성이 높은 의견을 최종 해결방안으로 선택하고 있다. 그러나 의사결정 그리드의 결과 파급효과와 실현가능성 모두 높은 의견이 몇 가지가 동시에 제시되는 경우에는 구성원들이 토론하여 결정하거나 추가로 히트기법을 통해 최종 의견을 선정할 수 있다.

〈표 7-4〉의사결정 그리드 활동지

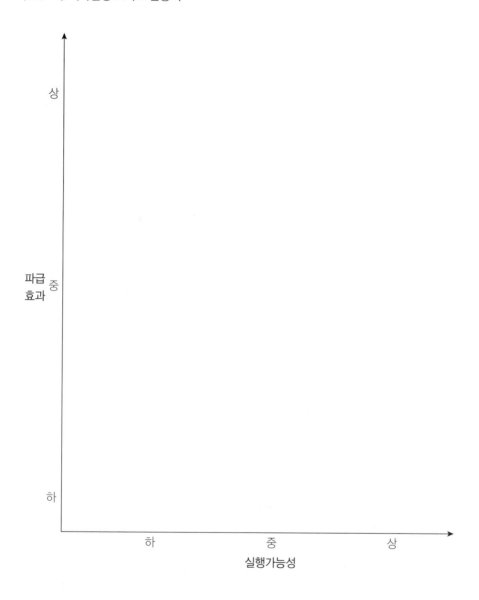

④ 고객과의 만남

원인에 대한 팀원들의 논의는 그들이 현장의 전문가가 아닌 이상 간접 경험을 통해 발견할 수 있는 문제의 원인일 가능성이 높다. 그러하기에 심도 있는 원인 분석을 실시했다 하더라도 현장에서 이해관계자들이 제시하는 원인은 새로운 측면일 수 있다. 따라서 현장 방문, 타운미팅, 1:1 인터뷰, 홈페이지 관찰(SNS 게시/댓글) 등을 통해 공감적 문제상황에 대한 탐색을 실시해야 한다.

2. 혁신적 솔루션 개발하기

혁신적 솔루션 개발은 원인 분석을 통해 문제에 대한 충분한 이해에 도달한 후 문제를 해결하기 위한 방안을 도출하는 단계이다. 여기서는 실현 가능한 창의적인 아이디어를 도출하기 위해 브레인스토밍이나 익명그룹기법과 같은 다양한 아이디어 도출 방법을 활용한다. 그리고 다양한 아이디어가 도출되면 유형별로 분류한 후 팀 토의를 통해 시급성, 효과성, 실현가능성 등을 고려하여 최종 해결안을 결정하는 것이다.

그런데 여기서 이야기하는 최종 해결안이 비즈니스 모델로 성공하기 위해서는 기존의 해결안들과는 차별성이 있어야 한다. 따라서 기존의 솔루션에 대해 조사하고 이들과의 차별화된 해결안을 제시할 수 있도록 해야 한다.

(1) 확산적 사고 촉진 도구의 활용

혁신적 솔루션을 개발하는 과정에서 도구를 활용하는 것은 성공적인 과업을 수행하기 위해 창의적 사고를 촉진하는 역할을 한다. 먼저, 사고 확산을 지원하는 도구를 살펴보자면 대표적으로 브레인라이팅(Osborn, 1953), 스캠퍼(Osborn, 1953), 시네틱스(Gordon, 1961), 익명그룹기법(King, 1998), 여섯 색깔 사고모자(Bono, 1999)를 들 수 있다.

또한 이러한 도구를 사용할 때 아이디어에 대해 개방적이며 허용적인 분위기를 조성하는 것이 매우 중요하다. 따라서 아이디어의 조기평가를 방지하기 위해 팀의 판단을 잠시 유보하여 초기에는 아이디어의 질보다는 양에 초점을 두도록 해야 한다. 즉, 이상하거나 독특한 아이디어의 표현을 허용하고 제안된 아이디어에 대해 팀에서는 긍정적인 비판을 통해 통합하고 향상시키는 분위기를 만들도록 해야 한다는 것이다. 아이디어 창출이 필요한 초기 단계에서는 확산적 사고의 촉진 도구를 활용하는 것이 유용하며, 이러한 확산의 과정 이후에 수렴적 사고의 촉진 도구를 활용하여 아이디어를 수렴하는 과정을 거쳐야 한다.

① 익명그룹기법을 통한 아이디어 발견하기

문제해결을 위한 다양한 아이디어는 원인에 대한 분석과정에서 그러한 원인 요소를 제거하거나, 제거할 수 없는 부분을 다른 요소로 대체하거나 새로운 방안을 제시하는 방식으로 제시할 수 있다.

이 단계에서는 브레인스토밍이나 익명그룹기법(Nominal Group Technique: NGT) 등을 통해 많은 아이디어를 만들어 낼 수 있도록 하는 데 집중해야 한다. 즉, 아이디어의 질에 대한 평가는 금지하고 수용적이며 자유로운 분위기 속에서 팀원은 자신의 생각을 편하게 이야기하고 팀에서는 그 내용을 수용하는 자세를 가지도록 한다. 그래서 모든 팀 구성원이 충분히 아이디어를 제시하여 새로운 이야기가 나오지 않을 때까지 진행되어야 한다.

이제 구체적으로 익명그룹기법의 적용 방법을 살펴보자. 익명그룹기법은 토론이나 의견 제시 과정에서 일부 참여자가 전체 의견을 주도하지 않도록 하는 아이디어 제시 방법이다. 정해진 시간 동안 주제에 대한 개인의 아이디어나 생각을 포스트잇에 쓰고 그것을 큰 종이에 붙이면서 서로의 의견을 공유한다. 이때 중요한 것은 하나의 포스트잇에는 하나의 의견을 써야 한다는 것이다. 따라서 팀원들은 자신의 의견을 하나 이상의 포스트잇에 자유롭게 써서 제시하도록 한다. 경우에 따라서는 포스트잇에 쓴 의견에 대해 설명하는 시간을 가지는 경우도 있다. 즉, 설명이 필요한 경우 자신이 쓴 내용에 대해 설명하도록 한다. 이렇게 공유된 팀의 아이디어는 유사한 내용이나 관련되는 내용으로 정리하고 분류하는 유목화의 과정을 통해 개인이 제시한 아이디어를 전체적으로 정리하고 공유하는 시간을 가진다. 경우에 따라서는 이런 분류의 과정 이후에 투표를 실시하여 최종 의견을 제시하도록 할 수도 있다. 그러나 구성원들의 투표 결과로 항상 최선의 아이디어를 선택할 수 있는 것은 아니다. 또한 앙트러프러너십 교육프로그램에서의 해결책은 구체적인 비스니스모델로 구체화되어야 하며, 기존의 해결방안과 차별화되는 것이 중요하므로 최종 해결안을 선택하는 과정은 충분한 논의 후에 진행되어야 한다.

② ASIT를 통한 독창적 아이디어 제시하기

다양한 해결방안을 브레인스토밍이나 익명그룹기법을 통해 제안했다면 이들을 대상으로 창의성을 자극하는 질문을 통해 아이디어를 보다 심화해서 제안해볼 수 있다. 이때 활용 가능한 도구로 대표적인 것이 SCAMPER(대체하기, 결합하기, 적용하기, 수정 · 확대 · 축소하기, 다른 용도에 활용하기, 제거하기, 거꾸로 · 재배열하기)나 PMI(아이디어 더하기, 제거하기, 흥미로운 것 활용하기) 등이 있다. 여기서는 TRIZ에서 유래한 ASIT(Advanced Systematic Inventive Thinking)의 방법을 소개하겠다. ASIT는 TRIZ의 마흔 가지나 되는 발명 원리 중 어려운 원리는 제거하고 가장 많이 쓰이고 있는 용도변경, 복제, 분할, 대칭파괴, 제거의 다섯 가지 사고원리를 활용하고 있다. 이 다섯 가지의 원리에 대한 설명과 구체적인 사례는 다음 〈표 7-5〉로 정리할 수 있다.

〈표 7-5〉 ASIT의 다섯 가지 사고 기법

분류	설명	사례
용도변경 (unification)	한 가지 사물로 여러 가지 다른 기능을 수행하게 함	• 모자를 핸드백으로 사용 • 가방 손잡이를 운동기구로 사용 • 옷 가방의 손잡이를 다리미로 사용 • 지우개를 자로 사용 • 교통카드를 휴대폰 고리로 사용 • 라디오 안테나 역할을 하도록 이어폰 줄을 사용
복제 (multiplication)	구성요소와 같은 유형의 구성요소를 복제하여 추가함	• 포스트잇의 뒷면 전체를 접착되도록 함 • 스탠드에서 불빛이 여러 곳에서 나와 더욱 밝음 • 책상에 안정적으로 세워 둘 수 있도록 액자 2개를 연결시킴
	구성요소와 유사한 유형의 구성요소를 복제하여 추가함	• 가위와 칼을 결합하여 사용 • 책상 서랍을 여러 칸으로 구획하여 수납이 되도록 함 • 색연필의 양쪽에 각각 다른 색이 나오도록 함 • 하나의 볼펜에 여러 색을 선택해서 사용하도록 함 • 화장실에서 용변 볼 때 물 내리는 소리가 나는 장치를 닮
	한 사물을 독립적인 여러 부분으로 나눔	• 두꺼운 양장본 책을 여러 권의 핸드북으로 나눔 • 서류함을 여러 층으로 나눔 • 필요에 따라 사용하도록 냉장고의 칸을 여러 개로 나눔

〈계속〉

분할 (division)	사물을 분할함	• 운반과 설치가 쉽도록 교통신호등의 기둥을 여러 개의 조각으로 나눔 • 창문을 문과 창틀로 나눔 • 과일 박스를 여러 개의 낮은 높이의 틀로 만들어 포개어 사용 • 옷과 신발, 가방의 장식품을 탈부착함
	사물의 분할 정도를 높임	• 빵이나 떡을 얇은 겹으로 만들어 부드럽게 함 • 옷을 많이 걸 수 있도록 두꺼운 옷걸이를 쪼개어 얇게 만듦 • 에어컨의 실외기를 밖에 둠
	나누어진 부분을 다양한 위치에 둠	• 스피커를 여러 개로 나누어 설치해 서라운드 시스템을 만듦 • 에어컨의 실외기를 밖에 둠
	움직이도록 분리함	• 화분의 물 받침을 분리함
	다른 시간대에 나타나게 함	• 필요한 내용을 쉽게 찾도록 폴더를 나눔
대칭파괴 (breaking symmetry)	대칭형을 비대칭으로 대체함	• 배가 지나갈 수 있는 아치형의 다리 • 바람을 막을 수 있도록 앞이 더 긴 우산 • 온도, 속도에 따라 색깔이 변하는 자동차 • 높낮이를 조절할 수 있는 의자 • 접으면 작은 지갑이 되는 장바구니
	사물이 이미 비대칭이면 그 비대칭의 정도를 높임	• 전기스탠드의 대를 구부려서 높낮이를 조절함 • 의자의 등받이를 인체공학적으로 휘어지게 만듦
제거 (removal)	사물에서 방해가 되는 부분이나 특성을 추출함	• X선 촬영에서 특정 부위는 차폐하고 필요한 부분으로만 방사선을 투과 • 우주에서 사용하는 전구의 유리를 제거 • 세제 없이 세탁되는 무세제 세탁기 • 무선마우스 • 로봇청소기
	사물에서 필요한 부분이나 특성만을 추출함	• 전자메일 중 스팸메일 차단 • 핸드폰에서 통화 이외의 모든 기능 제거

첫 번째 사고원리는 용도변경(unification)이다. 용도변경은 한 가지 사물로 여러 가지 다른 기능을 수행하도록 하여 문제 해결을 위한 새로운 아이디어를 도출하는 방법이다. 이러한 사례는 지우개를 자로 사용하거나 교통카드를 휴대폰 액세서리로 사용하는 것 등을 들 수 있다.

두 번째 사고원리는 복제(multiplication)이다. 복제는 구성요소와 같은 유형의 요소를 복제하여 추가하거나, 구성요소와 유사한 유형의 요소를 복제하여 추가하는 방법을 말한다. 복제 사례로는 가위와 칼을 결합하여 사용하거나, 색연필의 양쪽에 각각 다른 색이 나오도록 하는 것 등을 제시할 수 있다.

세 번째 사고원리는 분할(division)이다. 분할의 방법은 몇 가지를 제시할 수 있는데, 한 가지 사물을 독립적인 여러 부분으로 나누거나 나누어진 부분을 다양한 위치에 두는 것, 움직이도록 분리하는 것, 다른 시간대에 나타나도록 하는 것 등이 있다. 분할의 사례로는 옷을 많이 걸 수 있도록 두꺼운 옷걸이를 쪼개어 얇게 만드는 것, 에어컨의 실외기를 밖에 두는 것, 서류함을 여러 층으로 나누는 것 등을 들 수 있다.

네 번째 사고원리는 대칭파괴(breaking symmetry)이다. 대칭파괴는 대칭형을 비대칭으로 대체하는 것이나, 사물이 이미 비대칭이면 그 비대칭의 정도를 높이는 방법을 말한다. 대칭파괴의 사례는 바람을 막을 수 있도록 앞이 더 긴 우산, 전기스탠드의 대를 구부려서 높낮이를 조절하는 것 등을 들 수 있다.

(2) 혁신적 아이디어 선택하기

① 마인드맵을 통한 아이디어 명료화

이제 선택한 아이디어를 명료화해야 한다. 지금까지 문제의 해결을 위해 선택한 방법은 하나의 아이디어 수준으로서 그 자체만으로 해결책이 될 수는 없기 때문에 아이디어를 구체화하는 단계가 필요한 것이다. 아이디어를 구체화하기 위해서 활용할 수 있는 방법은 스토리텔링, 스케치, 감정이입을 통한 구체화 등 여러 가지 방식이 있을 수 있지만 여기서는 마인드맵을 활용한다.

[그림 7-7] 마인드맵 활용 사례

출처: P대학교 수업자료(2018).

[그림 7-7]은 한 팀에서 창업 실패 요인을 분석하기 위해 마인드맵을 활용한 사례이다. 이미 많이 알려져 있지만 마인드맵의 활용 방법은 다음과 같다. 팀 구성원들이 함께 글을 쓰고 읽을 수 있을 정도의 종이와 필기류를 준비한다. 그리고 종이의 중간에 핵심 주제어를 적는다. 이때 주제어와 관련되는 이미지를 함께 그리면서 창의적 아이디어가 더욱 활발하게 제시되도록 해도 좋다. 주제어에는 관련되는 아이디어를 연결하여 제시한다. 이후 모든 구성원은 기존의 중심어와 관련 아이디어의 관계를 보면서 연관되는 아이디어를 제시하고 그 아이디어가 기존의 의견 중 어떤 쪽에 관련이 되는 것인지를 함께 표시한다. 요즈음은 마인드맵의 기능을 제공하는 온라인 서비스도 많이 있으므로 상황에 따라서 그러한 도구를 활용할 수도 있다.

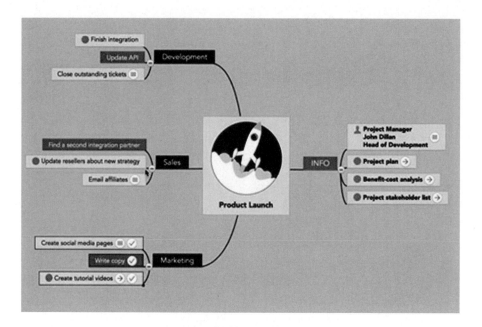

[그림 7-8] 온라인 마인드맵 소프트웨어

출처: https://www.mindmeister.com

[그림 7-9] 온라인 마인드맵 소프트웨어

출처: http://www.thinkwise.co.kr

② 기존의 솔루션과 중복 피하기

혁신적 솔루션을 제안하는 과정에서 반드시 진행해야 하는 과정 중 하나는 그것이 기존의 솔루션과 중복되는 것은 아닌지를 확인하는 것이다. 이를 위해서 기존 창업 기업들의 정보나 특허정보 등 다양한 정보를 검색해 보아야 하며, 자신의 팀에서 제안하는 솔루션은 기존의 아이디어와 차별성을 가지도록 설계해야 한다.

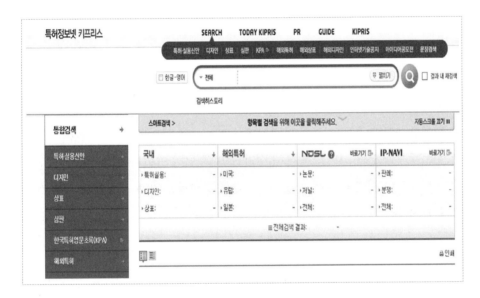

[그림 7-10] 특허정보넷 KIPRIS 검색 서비스

출처: http://kportal.kipris.or.kr

[그림 7-10]은 기존의 솔루션과 중복되는 것인지를 확인할 수 있는 특허정보 검색 화면이다. 이곳에서 관련 아이디어의 국내외 특허, 지적재산권과 관련한 내용을 찾아볼 수 있다.

③ 전략 캔버스를 활용한 차별화

제안한 아이디어가 경쟁력을 갖추기 위해서는 기존의 유사한 분야와는 차별화되는 전략을 제시해야 한다. 이를 위해 특허정보를 검색하고 기존의 서비스와의 중복 여부를 확인해 보았다면 이제는 유사한 기존의 서비스를 분석하여 새로운 서비스로 제시될 수 있도록 해야 한다. 전략 캔버스는 팀 아이디어의 해당 분야 혹은 경쟁 분야에 대한 내용을 분석하고 그 기준에 맞추어 새로운 아이디어가 가진 차별화된 전략을 제시하도록 하는 도구이다.

전략 캔버스는 팀원들이 현재의 전략을 어떻게 보고 있는지를 볼 수 있도록 해 준다. 우선, 경쟁요소라고 생각하는 분야나 제품 서비스를 선택한다. 그리고 그래프의 상단에 경쟁대상과 그 팀의 아이디어 이름을 표기한다. 다음으로 경쟁대상이자 기존의 상품(서비스)에 대한 주요 경쟁요소를 3~5개 정도 선정한다. 경쟁요소로 제시할 수 있는 내용은 가격, 기술지원 서비스, 납품 소요시간, 재고량 등 기존의 상품이 제공하는 서비스가 가지고 있는 경쟁력이 될 수 있는 부분을 제시하는 것이 좋다. 다음으로 팀에서 제시하고자 하는 아이디어를 주요 경쟁요소에 따라 평가한다. 이제 전략적으로 이 아이디어가 경쟁력을 가질 수 있는 경쟁요소를 팀원들의 토의를 통해 3~5개 정도 제시한다. 그리고 제시한 경쟁요소를 기준으로 기존의 경쟁대상과 새로운 아이디어를 비교한다. 최종적으로 제시한 전략 캔버스에 대해 성찰하며 그 팀의 아이디어가 기존의 경쟁대상과 비교하여 기존의 경쟁요소는 피하면서 경쟁력을 가진 새로운 요소를 가지고 있는지 검토하도록 한다.

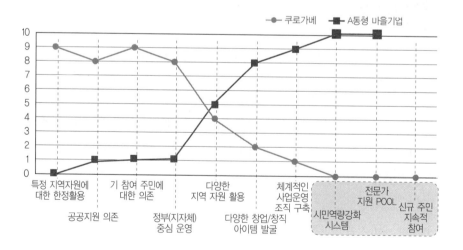

[그림 7-11] 전략 캔버스 사례-마을기업

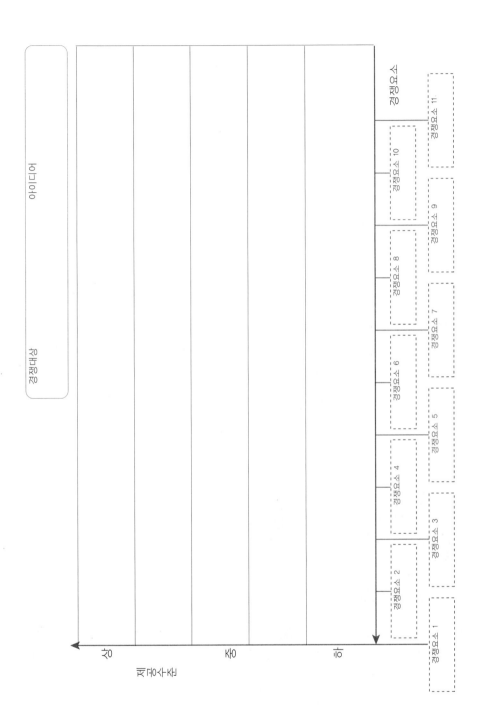

08 구현

1. 비즈니스 모델 캔버스 작성

앙트러프러너십의 핵심은 혁신적 아이디어(창조성)를 토대로 새로운 결합체를 만들어 내는 실천력에 있다. 아이디어가 실제로 구현되기 위해서는 실행에 영향을 미치는 시스템적 요소를 전부 고려한 전체 밑그림이 필요하다. 이 구상도는 실행하고자 하는 핵심목표와 실행 방법, 예상 결과뿐만 아니라 인적, 물적 자원 및 내·외적 장단점을 모두 고려한 밑그림이어야 한다.

비즈니스 모델 캔버스는 오스터왈더(Osterwalder, 2011)가 『비즈니스 모델의 탄생(Business Model Generation)』이라는 저서에서 제시한 모델링 방법론으로,

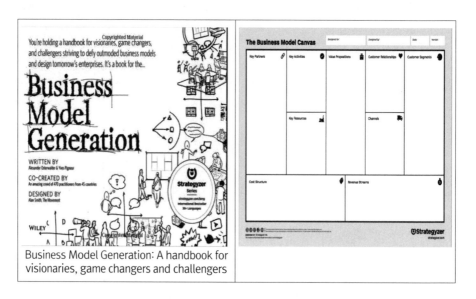

[그림 8-1] 오스터왈더의 비즈니스 모델 캔버스

'기업이 어떻게 수익을 창출해 내는지에 관한 원리를 9개의 블럭 이용으로 설명하는 설계도'이다. 비즈니스 모델 캔버스는 단 한 장으로 비즈니스 핵심을 구상할 수 있고, 공유와 수정이 쉬워 사업 초기 구상에 용이한 도구이다.

비즈니스 모델 캔버스는 '고객 세그먼트' '가치 제안' '채널' '고객관계' '수익원' '핵심 자원' '핵심 활동' '핵심 파트너십' '비용구조'의 총 9개의 블록으로 구성되어 있다. '고객 세그먼트(Customer Segments)'는 기업이 제품을 제공하려는 목표고객이다. '가치 제안(Value Propositions)'은 특정 고객의 니즈를 충족하는 상품 혹은 서비스이다. '채널(Channels)'은 고객에게 가치를 제공하는 방법을 의미한다. '고객관계(Customer Relationships)'는 목표고객과의 지속적인 관계를 유지하기 위한 방법이다. '수익원(Revenue Streams)'은 고객으로부터 얻는 수입의 형태이다. '핵심 자원(Key Resources)'은 비즈니스 진행에 필수적인 요소이다. '핵심 활동(Key Activities)'은 비즈니스 운영 시 필요한 핵심업무이다. '핵심 파트너십(Key Partnerships)'이란 비즈니스 운영 시 필요한 공급자 및 파트너 네트워크이다. '비용구조(Cost Structure)'는 비즈니스 운영 시 발생하는 모든 지출 비용이다.

애쉬 모리아(Ash Maurya)는 비즈니스 모델 캔버스를 스타트업 특성에 맞게 변형하여 보다 활용도가 높은 비즈니스 모델 분석 도구인 '린 캔버스(Lean Canvas)'를 제안하였다. 린 캔버스 구성요소는 비즈니스 모델 캔버스 구성요소 중 '핵심 파트너십' '핵심 활동' '핵심 자원' '고객관계'를 없애고, 대신 '문제' '해결책' '핵심 지표' '경쟁우위'로 대치하였다. '문제'는 대부분의 스타트업이 문제에 대한 충분한 이해에서 출발하지 못해서 실패하기 때문에 '사람들이 불편함을 느끼는 진짜 문제점이 무엇인지' 이해하는 것에서 사업 아이디어가 출발하여야 한다는 취지에서 신설된 요소이다. '해결책'은 '문제를 해결할 수 있는 적절한 방식'으로 검증되지 않은 맨 처음 떠오른 해결책에서 시작하는 것이 좋다. '핵심 지표'는 '사업이 잘 되고 있는지 보여 줄 수 있는 숫자들'로서 쓸데없는 목표에 자원이 고갈되지 않도록 관리해 준다. '경쟁우위'는 경쟁자와 카피캣, 패스트 팔로워를 방어할 일종의 진입장벽에 해당한다.

Key Partners	Key Activities	Value Proposition	Customer Relationships	Customer Segments
Problem	Solution		Unfair Advantage	
	Key Resources		Channels	
	Key Metrics			
Cost Structure		Revenue Streams		

[그림 8-2] 린 캔버스

앙트러프러너십 역량개발 프로세스에 사용할 비즈니스 모델 캔버스는 기존의 비즈니스 모델 캔버스에 린 캔버스의 '핵심 문제'와 '핵심 해결책'을 추가하여 11개의 블록으로 구성하였다. 11개 요소를 기획해 나가는 순서는 [그림 8-3]과 같이 총 4개의 범주로 나누어 동심원을 그리듯 확장해 나가면 수월하게 구성

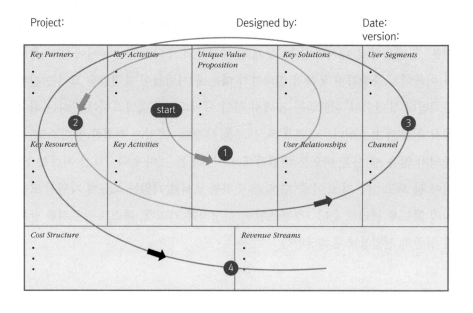

[그림 8-3] 앙트러프러너십 개발 프로세스에 사용할 비즈니스 모델 캔버스

할 수 있다. 첫 단계는 핵심 문제와 함께 이를 해결하기 위해 표방할 독특한 가치 제안과 초기 해결책 제시를 하면서 초안 설계를 시작한다. 다음은 좌측의 공급자 요소와 우측의 수요자 요소에 대해 차례로 세밀한 계획을 세워 나간다. 마지막으로, 하단의 비용과 수익 요소까지 고려한 비즈니스 모델을 구축하면 보다 실행 가능한 사업 아이디어 구상이 이루어진다.

11개 블록의 상세 내용은 다음과 같다.

① Key Problem(KP, 핵심 문제)

해당 사업이 해결해야 하는 핵심 문제를 정의한 것이다. 공감적 이해를 바탕으로 해결해야 할 문제를 명확히 정의하는 것은 문제해결의 첫걸음이다. 첫 단추가 잘못 꿰어지면 사상누각이니 문제 정의에 충분한 노력을 기울여야 한다.

② Unique Value Proposition(UVP, 앙트러프러너적 가치 제안)

해당 사업을 통해 이루고자 하는 유무형의 핵심 가치로서 Key Ploblem을 해결하는 Key Solution이 가져야 하는 차별화된 가치이다. UVP는 전체 사업 구상과 실천에 있어 나침반 역할을 한다. 이는 CATWOE 중 World view에 해당한다.

③ Key Solution(KS, 핵심 해결책)

핵심 문제를 해결할 솔루션이다. 문제와 그 근본적 원인을 창의적으로 분석하고 확산적인 사고의 결과로 도출한 혁신적인 해결책이 성공의 관건이다.

④ User Segments(US, 사용자 그룹)

해당 사업이 누구를 위한 것인지, 누가 우리의 제품과 서비스의 이용자인지를 명확히 해야 한다. User Mind를 가지고 고객지향적인 사고를 할 때에만 진정한 혁신적인 솔루션을 창출할 수 있다. 이는 CATWOE 중 Customer에 해당한다.

⑤ Channel(CH, 채널)

해당 사업이 사용자와 만나는 접점이다. 고안한 제품과 서비스를 어떻게 제공해야 효과적이고 효율적인지 고려해야 한다. 온라인 혹은 오프라인 등 다양한 시공간이 가능하다.

⑥ User Relationships(UR, 사용자와의 관계)

해당 사업의 사용자가 지속적으로 사용할 수 있도록 홍보 및 피드백하는 방법이다. 뉴스레터, 이벤트, SNS 홍보, 문자서비스 등이 가능하다. 개인 맞춤형 피드백과 소셜 커뮤니티 형성이 관건이 될 것이다.

⑦ Revenue Streams(RS, 수익원)

사업이 공공서비스일지라도 유형과 무형의 수익은 해당 사업의 지속가능성을 담보한다. 수익의 형태는 판매료, 사용료, 수수료, 대여료, 가입비 등 유형의 수입은 물론 신뢰, 행복 등 '사회 자본' 같은 무형의 수익도 가능하다.

⑧ Key Partners(KP, 핵심 파트너십)

해당 사업의 상품이나 서비스를 제작, 운영하는 데 필요한 공급자 및 협력자이다. 미래 비즈니스는 융합과 신속성을 특징으로 한다. 모든 파트를 하나의 큰 조직 내에서 모두 해결하는 것은 효과적이지도 효율적이지도 못하다. 사업에 필요한 파트너를 접촉하고 협업할 수 있어야 한다. 이는 CATWOE 중 Actor에 해당한다.

⑨ Key Resources(KR, 핵심 자원)

사업을 진행하는 데 필요한 물적, 인적, 기술적, 지적 자원이다. 사업주체가 직접 보유하거나 혹은 파트너가 보유한 것일 수 있다.

⑩ Key Activities(KA, 핵심 활동)

사업을 진행하는 데 꼭 해야 하는 활동으로 개발, 생산, 컨설팅, 운영, 관리 등이 포함된다.

⑪ Cost Structure(CS, 비용 구조)

사업 운영에서 발생하는 모든 지출을 의미한다. 고정비용, 변동비용 등을 고려해야 하며 비용의 최소화가 원칙이지만 고부가가치 서비스 등 가치주도적인 비즈니스 모델은 비용보다는 가치에 초점을 맞춘다.

Project: High-Concept Culture(HiCC)   Designed by: TF2 team   Date: 2017. 11. 29.
version: Ver 2.

Key Partners	Key Activities	Unique Value Proposition	Key Solutions	User Segments
• 지역재단(창조재단) • 크라우드펀딩 • 문화기획단(또따또가, 쌈수다, 플랜비, 부산문화재단, 아르떼) • 문화진흥원 • 디자이너	• 획일적, 배타적인 사회문화 • 다양, 포용, 융합, 창의적 문화	• 문화커뮤니티 • 개방적/성찰적 커뮤니티 형성 • 비판적 사고 연마 • 융합적 지식 생산 • 하이컨셉 창출	• 독서토론 커뮤니티 • 콘텐츠 창작 • 문화 이벤트	• 키 파트너즈 • 부산시민 누구나 • 대한민국 국민 누구나 • 세계시민 누구나
Key Resources • 공간(공유 세미나실, 북카페) • 커리큘럼/프로그램(독서/문화) • 컴/영상/사무기기	**Key Activities** • 독서 토론회 • 토론/비평/강연/글쓰기 • 웹툰/인포그래픽 창작/VR • AR/CM송		**User Relationships** • O2O 플랫폼 • 콘텐츠 웹진 • 독서토론회 • 세미나/강연회	**Channel** • 네이버 블로그 • 브런치 • 페이스북
Cost Structure • 공간대여비 • 빔 프로젝트 사용료 • 다과/물품			**Revenue Streams** • 참가비/기금 • 구독료/캐릭터 상품 판매 • 프로젝트(문화예술콘텐츠 개발, 이벤트 기획)	

[그림 8-4] 비즈니스 모델 캔버스 작성 사례

〈표 8-1〉 비즈니스 모델 캔버스 활동지

Project:

Designed by:

Date:
version:

Key Partners	Key Activities	Unique Value Propositition	Key Solutions	User Segments
• • •	• • • • • • •	• • •	• • •	• • •

	Key Resources		User Relationships	Channel
	• • •		• • •	• • •

Cost Structure	Revenue Streams
• • •	• • •

2. 실행계획서(액션 플랜)

실행의 전체 밑그림이 그려졌으면, 해결책의 우선순위에 따라 구체적인 실천계획을 수립해야 한다. 액션 플랜을 작성할 때는 사전-실행-사후 단계별로 구체적인 계획을 작성한다. 사전단계는 기반 및 환경 조성으로 문제해결을 위한 준비단계이다. 사전설문조사를 통한 정보수집과 핵심 이해관계자의 동의를 구하는 등의 계획이 필요하다. 실행단계는 문제해결방안을 순서대로 계획한다. 사후단계는 성찰을 통해 좋았던 점, 아쉬운 점, 나아갈 방향에 대해 논의하고 기록하여 피드백할 수 있도록 한다.

액션 플랜을 수립할 때는 무엇(what)을 왜(why), 누가(who), 언제(when), 어떻게(how), 어디서(where) 할 것인지를 명확히 지정해야 실행력이 높아진다. 또한 누구라도 보고 그대로 실행할 수 있도록 상세하게 작성되어야 한다. 단위 활동별, 과업 단계별로 간트 차트(Gantt Chart)를 사용하는 것도 효율적이다.

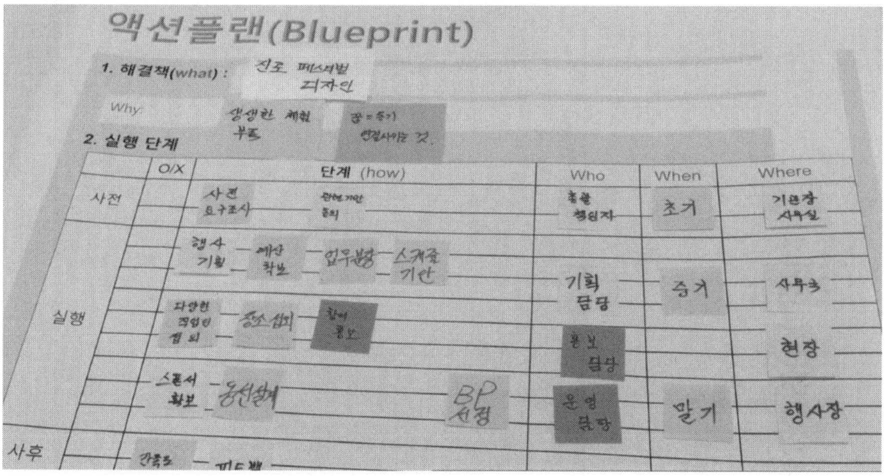

[그림 8-5] 액션 플랜 작성 사례

〈표 8-2〉 액션 플랜 활동지

액션 플랜(blueprint)

Team:

Date:
version:

1. Solution(what) name:
   why:

2. Action step

	Step(how)	Who	Where	When	check
Pre					
Main					
Post					

3. 래피드 프로토타이핑

실행계획을 세웠으면 빠른 시간 내에 고안한 제품과 서비스의 시안을 만들어 테스트해 봐야 한다. 개발 초기 아직 구체화되지 않은 제품이나 서비스의 사용성 이슈를 검토하기 위해 시제품(프로토타입)을 보여 주고 피드백을 반영하여 다시 재설계하는 과정을 반복하는 것을 프로토타이핑이라고 한다. 프로토타이핑은 팀원과 고객 간의 아이디어와 소통을 돕고, 설계 중인 모델의 효과를 검증 받음으로써 시간과 노력을 절감하고 시행착오를 줄이는 좋은 방법이다.

프로토타이핑을 할 때는 처음부터 구현 충실도를 높이려 하지 말고 낮은 단계에서 재빠르게 하는 것이 중요하다. 프로토타이핑의 종류로는 Lo-fi(low fidelity, 낮은 충실도)의 저수준 프로토타이핑으로 스케치, 페이퍼 프로토타입, 와이어프레임, 스토리보드, 시나리오 등이 있고, Hi-fi(High fidelity, 높은 충실도)의 고수준 프로토타이핑으로 디지털 프로토타입이 있다.

① 스케치
한 장의 종이 위에 아이디어 형태와 흐름을 간단한 그림으로 표현하는 가장 단순한 형태의 프로토타입이다. 보통 페이퍼 프로토타이핑의 전 단계로 사용된다.

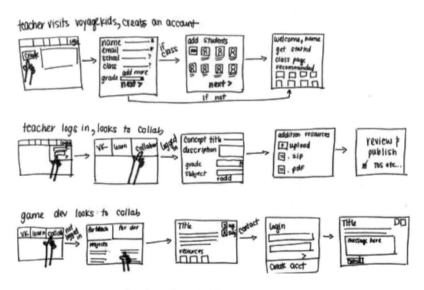

[그림 8-6] 스케치형 프로토타이핑 사례

② 페이퍼 프로토타입

종이로 해당 제품과 서비스를 간단하게 만들어 실제 구현되는 것처럼 테스트하는 방법이다. 평면적인 스케치와 달리 각 단계나 순간을 담은 여러 장의 종이 스케치를 움직여 실제 구현 장면을 연출해 볼 수 있다. 포스트잇을 사용하는 것도 좋은 방법이다.

[그림 8-7] 페이퍼 프로토타이핑 활동 장면

③ 와이어프레임

와이어프레임은 원래 컴퓨터그래픽에서 3차원 물체의 형상을 선으로 표현하여 마치 철사로 만든 뼈대같이 보이는 것을 말한다. 파워포인트 같은 간단한 디지털 프리젠테이션 툴로 페이퍼 프로토타이핑보다 구현 충실도가 높은 형태로 표현된 프로토타입이다. 실제 콘텐츠의 비주얼을 구체적으로 표현하기에는 유리하나 정적인 화면 구성으로 사용자 경험을 구현하기엔 한계가 있다.

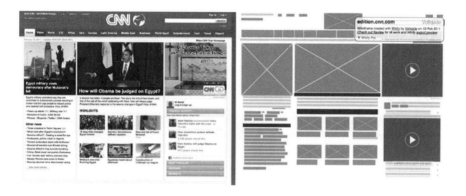

[그림 8-8] 와이어프레임을 이용한 웹사이트 프로토타이핑

④ 스토리보드

스토리보드는 비즈니스에서 제공하는 제품과 서비스가 어떻게 활용될지에

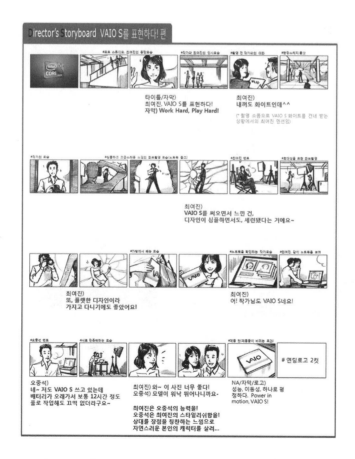

[그림 8-9] 광고 제작을 위한 스토리보드형 프로토타이핑

대한 기대를 이야기 형태로 만든 것이다. 스토리보드의 구성요소는 컨텍스트, 사용자, 서비스, 활동으로 이뤄진다. 우선 이야기가 전개될 장소, 상황, 시간이 설명되어야 한다. 둘째, 사용자를 대변하는 특정 주인공이 존재한다. 셋째, 사용자가 이용할 구체적이며 특징적인 서비스가 묘사되어야 한다. 넷째, 이용할 때의 사용자 행동이나, 말, 생각, 감정이 드러나야 한다.

스토리보드를 작성할 때는 기-승-전-결의 이야기 구성 원칙이 지켜져야 한다. 발단 부분에서는 컨텍스트를 설명하거나 사용자 목표를 정의한다. 전개 부분에서는 제품, 서비스와 관련한 현재의 문제점이나 니즈를 지적한다. 절정 부분에서는 사용자의 니즈를 충족시키는 새로운 제품과 서비스의 특징과 과정이 묘사되어야 한다. 결말 부분에서는 결과적으로 사용자가 얻게 될 기대효과를 정리한다.

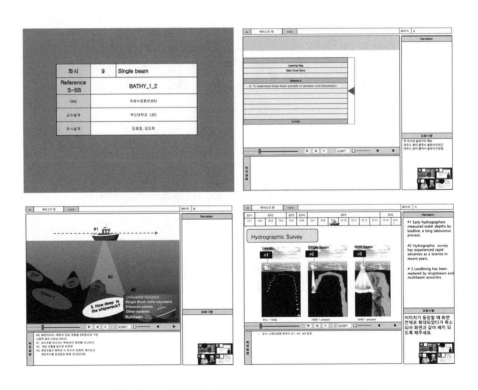

[그림 8-11] 동영상 수업 설계 스토리보드 작성 사례

⑤ 3D 프린팅

3D 프린팅은 잉크젯 프린터와 유사하게 작동하여 적층 방식으로 3차원 입체

물을 만들어 내는 제조 기술이다. 3D 프린팅 기술의 발전과 보급으로 제품 디자인의 경우에는 실물 사이즈의 시제품을 만들어 현실감 있게 재현해 볼 수도 있다.

[그림 8-10] 3D 프린터로 제작한 신발 디자인

4. 발표 및 피드백

(1) 발표

발표는 지금까지 우리가 만들어 온 비즈니스 모델에 대해 대중에게 처음 알리는 자리이다. 그러나 단순히 발표라고 생각하지 말자. 나의 비즈니스 플랜을 들은 누군가는 미래의 수익성에 대해 확신을 가지고 투자자가 될지도 모른다.

발표에 앞서 점수를 따기 위한 일련의 행위를 넘어서서 나는 지금 사업을 하려고 하고 있고 투자금이 절실하다고 생각해 보자. 내 앞에 있는 청중이 미래의 투자자 또는 비즈니스 파트너가 될지 누가 알겠는가?

사람의 성격이 천차만별이듯, 발표의 방식도 천차만별일 것이다. 그러나 핵심은 누구에게나 동일하다. 우리가 왜 이 비즈니스를 하려고 하며, 이 비즈니스를 통해 소비자, 투자자 그리고 사회에 어떤 영향을 미칠 것인지 효율적이며 효과적으로 전달할 수 있어야 한다.

(2) 피드백과 평가

피드백과 평가에 있어 냉철하고 이성적으로 판단하되 비즈니스와 무관한 사항에 대한 피드백과 평가는 되도록 피하자. 우리는 같은 길을 가고 있는 동료로서 상대방의 비즈니스 모델을 보았을 때, 개선하면 좋을 점과 발표자가 미처 생각하지 못했던 장점을 발견하는 데 초점을 두는 것이 좋을 것이다.

피드백과 평가에 있어 중요한 것은 앙트러프러너십의 기준에 근거하여 피드백과 평가를 실시해야 함을 잊지 말아야 한다는 것이다. 앞서 우리는 앙트러프러너십의 육성과정의 세부 내용들에 대하여 알아보았다. 공감적 문제(Empathetic problem)를 발견하고 혁신적인 아이디어(innovative and creative idea)를 중심으로 문제를 해결할 Artifact를 만들어 냄(Making artifact)으로써 사회적 변혁(Social impact)을 유도해야 한다.

〈표 8-3〉에 제시한 체크리스트는 피드백과 평가를 위한 것으로 실제 사용 국면에서는 각 상황에 맞게 수정하여 사용할 수 있다.

〈표 8-3〉 피드백과 평가를 위한 체크리스트

	문항	그렇지 않다	보통이다	그렇다
공감적 문제발견	발표자는 문제의 원인에 대해 파악하고 있는가?			
	발표자는 문제의 이해관계자들을 파악하고 있는가?			
	대중은 문제에 대해 실제 문제로 인식하고 있는가?			
	이 문제로 인해 사회적으로 인적인 측면에서 손해 또는 피해의 정도가 큰가?			
	이 문제로 인해 사회적으로 물적인 측면에서 손해 또는 피해의 정도가 큰가?			
창의성	기존의 방법과 차별성이 있는가?			
	아이디어는 목표하는 문제를 해결할 수 있는 아이디어인가?			
	사회적으로 수용될 수 있는 아이디어인가?			

구현성	발표자는 아이디어를 구체화하기 위한 자원들을 파악하고 있는가?			
	발표자는 아이디어 실현을 위해 어떤 활동을 해야 하는지 알고 있는가?			
	발표자는 실현 방법에 대해 지식이 있는가?			
	실현과 관련한 비용에 대해 고려하였는가?			
	실현 후 수익 창출 방법에 대해 고려하였는가?			
사회적 변혁	목표하는 소비자층은 적절한가?			
	비즈니스를 통해 목표하는 문제가 해결 가능한가?			
	비즈니스 모델이 확장성을 가지는가?			
	비즈니스 모델이 지속가능성을 가지는가?			
	목표하는 가치를 창출해 낼 수 있는가?			
	소비자와의 소통을 위한 의사소통경로가 적절한가?			
	소비자와의 관계를 지속적으로 이어 갈 방안은 적절한가?			

(3) 프로토타입 인터뷰

프로토타입 인터뷰는 비즈니스 모델에 대해 구체적인 성찰을 돕는 역할을 한다. 옳고 그르거나 잘잘못을 따지는 것이 아니라 비즈니스 모델에 대해 질문을 하고 이를 통해 구체적이고 발전적인 방향의 성찰을 이끌어 낸다.

프로토타입 인터뷰를 통해 비즈니스 모델의 기저에 있는 가치와 목표, 방향성을 살펴볼 수 있는 기회를 준다. 또한 현재의 비즈니스 모델이 가진 문제점을 바라보고 개선을 하거나, 강점을 찾아 더욱 신뢰 있고 타당한 비즈니스 모델이 되도록 돕는다.

〈표 8-4〉는 인터뷰를 위한 질문들이다. 다음의 질문들은 상황에 따라 추가, 삭제 및 수정을 하여 사용할 수 있다.

〈표 8-4〉 인터뷰 질문

- 자신의 과거를 돌아볼 때 공감적 문제는 당신의 어떤 경험과 연관되어 있습니까? 그것은 무엇이고, 어떤 결과를 나타냈습니까?

- 지금까지 경험한 활동 중에서 당신이 특별하게 즐겼던 것은 무엇입니까? 그 이유는 무엇입니까?

- 특별하게 즐겼던 활동이 공감적 문제의 해결과 연관될 수 있습니까? 어떤 점에서 당신의 경험이 공감적 문제를 해결하는 데 도움이 됩니까?

- 지금의 비즈니스 모델이 가지는 약점은 무엇이며, 차별점은 무엇입니까? 차별점이 있다면 그 이유는 무엇입니까?

- 지금의 비즈니스 모델이 추구하는 최고의 가치는 무엇입니까? 장기적으로 어떤 가치가 창출되기를 바라고 있습니까?

- 당신이 생각하는 이상적인 비즈니스란 무엇입니까?

- 다른 사람에게 비즈니스 모델을 소개할 때, 어떤 점이 가장 매력적이라고 생각합니까?

- 자신이 생각하기에 현재의 비즈니스 모델이 가지는 최고의 강점은 무엇입니까?

---

09 사회적 파급

앙트러프러너는 자신이 발견한 공감적 문제에 근거하여 그 문제에 상응하는 혁신적인 솔루션에 대한 아이디어를 고안하고, 그것을 여러 사람이 관찰하고 평가할 수 있는 구현물(artifact)을 만든다. 또한 이 구현물을 토대로 발표, 피드백과 평가, 프로토타입 인터뷰를 하고 이러한 과정을 통해 도출된 최종 솔루션의 사업계획서를 만들어 사회적 파급을 이끌어 내야 한다. 아이디어를 실제로 구현하여 사회적 파급을 이끌어 내는 것이 앙트러프러너십과 지금까지 살펴본 앙트러프러너십 역량개발 과정의 핵심이라고 볼 수 있다. 특히 앙트러프러너십 역량개발 프로세스의 첫 번째 단계로서 여러 사람들이 공감할 수 있는 문제에서 출발한 것이 사회적 파급을 이끌어 내는 첫걸음이 될 것이다. 하지만 프로토타입을 만들고 그에 따른 비즈니스 모델이 여러 대중의 관심을 끌도록 만들기 위해서는 실제 만들어서 시장에 내놓는 것이 중요하다. 이런 과정은 아주 거시적이고 긴 과정으로 개별 사례마다 다양하게 나타날 수 있을 것이다.

앙트러프러너십 역량개발의 과정에서 시도해 볼 수 있는 것으로는 다음의 두 가지를 제시할 수 있다. 첫 번째는 크라우드 펀딩을 통한 사회적 파급 이끌기이다. 아이디어를 실현하기 위한 첫 단추로는 투자자(혹은 소액 투자자, 크라우드 투자자)들의 투자 여부를 확인해 보아야 한다. 관심이 있는 투자자들이 많이 생겨서 원하는 투자자금이 생기면 그제서야 생산, 유통, 판매라는 사회적 파급을 이끌어 낼 수 있게 된다. 즉, 투자자금의 확보가능 여부가 앙트러프러너십의 마지막 과정인 사회적 파급을 이끄는 시그널이 되는 것이다. 투자자금을 확보하기 위해서는 엔젤 투자자(가족, 친구, 지인 등)에게 투자를 받거나 다양한 펀딩조직에 사업계획서를 공식적으로 제안하여 투자금을 받는 등 여러 가지 방법이 있다. 그중 크라우드 펀딩사이트를 제안해서 자금을 확보하는 것은 앙트러프러너십 역량개발의 과정에 있는 참여자에게 부담이 적은 계획된 위험감수 방법의 하나로서 추천할 수 있다.

　두 번째는 공모전이나 경진대회에 최종 아이디어를 지원하여 검증받고 실현하는 방법이다. 요즘 대학가와 많은 공기업, 사기업, 공공기관에서 창업 아이디어를 무궁무진하게 발굴해 내고 있다. 이러한 경진대회를 적극 활용·지원하여 아이디어가 정말로 사회에 파급을 이끌어 낼 수 있는 것인지 검증이 가능하다. 더욱이 수상을 하게 된다면 다양한 혜택을 통하여 실제 삶에 실현시켜 사회적 파급을 이끌어 낼 수 있게 될 것이다.

제3부

앙트러프러너십
영역별 사례

10 사회 앙트러프러너십 사례

11 정책 앙트러프러너십 사례

12 교육 앙트러프러너십 사례

13 국방 앙트러프러너십 사례

14 종교 앙트러프러너십 사례

15 기업 앙트러프러너십 사례

16 문화 예술 앙트러프러너십 사례

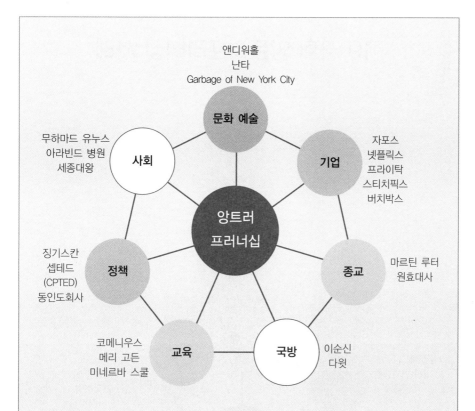

앙트러프러너십은 특정 영역에 국한되는 것이 아닌 사회, 정책, 교육, 국방, 종교, 기업, 문화 예술 등 전 범위에서 적용되고 발휘될 수 있는 역량이다. 각각의 영역에 앙트러프러너십은 새로운 아이디어(creativity)를 토대로, 새로운 생산물(artifact)이나 시스템을 만들어(invention) 내어, 그것을 통해 사회변혁(social impact)을 이끌어내는 역량이라고 볼 수 있다.

앙트러프러너십은 세 가지 핵심 요소, 즉 창의, 발명(구현), 사회변혁이 반드시 포함되어야 하는 복합 개념이다. 즉, 앙트러프러너는 단순히 창의적이거나 발명적인 차원을 넘어서서, 다수의 수혜자에게 혁신적 변화를 이끌어 내는 사람이다. 제3부에서는 각각의 영역에서 앙트러프러너십이 어떻게 적용되고 있는지를 다루어 보고자 한다.

{ 10 사회 앙트러프러너십 사례

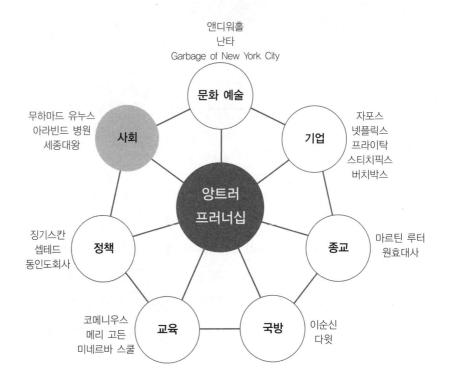

1. 가난한 사람을 위한 은행! 무하마드 유누스의 '그라민은행'

'가난'이라는 것이 게으름과 무능력 때문이 아니라 사회구조적인 제도와 관습으로 인한 결과라면 어떻게 극복하도록 할 수 있을까? 당연시되어 왔던 제도와 관습을 완전히 새로운 발상으로 바꾸고 혁신한다면 어떤 변화가 일어날까? 무하마드 유누스는 기존의 은행에서는 생각조차 할 수 없었던, 담보가 필요 없는 소액대출 은행인 그라민은행을 만든다. 연대 담보를 통한 대출자의 자립교육과 지속적인 관리가 그들 스스로 자립적이고 독립적인 삶을 살아가게 하는 계기를 마련해 준다.

공감적 문제발견
Empathetic Problem

왜 가난한 사람은
대출을 받을 수 없는
것일까?

창의적 문제해결
Creativity

빈민을 위한 집단
대출과 소액대출
서비스를 제공하다.

구현
Invention

소득수준 하위 25%의
가난한 사람을 위한
그라민은행을
설립하다.

사회적 임팩트
Social Impact

빈민 자립과 여권 신장으로
세계에 그라민 운동 부흥을
일으키다.

🍃 왜 가난한 사람은 대출을 받을 수 없는 것일까

방글라데시는 세계에서 가장 가난한 나라 중 하나이다. 1974년 방글라데시에서는 수만 명의 사람들이 기근으로 죽어가고 있었다. 이런 현실을 직시한 무하마드 유누스는 당시 대학교수로서 대학 강의실에서 현실과 유리된 고상한 경제학 이론들만 가르쳐선 안 되겠다고 생각했다.

그는 대학 옆 마을에서 한 여인이 자신이 만드는 모든 물품을 원하는 가격에 팔아야 한다는 조건으로 고리대금업자로부터 1달러도 안 되는 돈을 빌리는 모습을 보고 충격을 받았다.

고리대금의 사슬에서 고통받는 방글라데시 사람

1달러도 없는 가난한 빈민이란 이유로 고리대금업자에게 빌린 원금과 이자를 갚으며 고작 몇 백 페이사에 삶과 죽음이 걸려 있는 빈민의 고통과 삶의 굴레에 대해 유누스는 깊이 공감한다. 그럼에도 이들을 위한 사회보장제도는 전무하고, 은행은 이들에게 담보가 없다는 이유로 필요한 돈을 빌려주지 않는다. 무하마드 유누스는 이것이 시민 스스로의 게으름과 무능력에 의한 것이 아니라 사회제도로 인한 악순환 때문이라는 것을 깨닫게 된다.

🍃 가난한 사람을 위한 집단대출과 사업 활동을 위한 소액대출 서비스 제공

무하마드 유누스는 대학 구내 은행에 찾아가 가난한 사람들을 위해 대출을 해 달라고 요구했지만 거절당했다. 그러자 자신이 보증인이 되어 가난한 사람들이 대출받을 수 있도록 했다. 이렇게 '마이크로 크레디트' 운동과 함께 1983년 그라민은행이 설립됐다.

그라민은행 로고

그라민은행 입구에 안내된 글

'집단대출 제도 도입'

소액대출을 받고자 하는 사람들은 5인의 집단으로 조직하면서 대출자금의 반환을 5인의 공동책임으로 연대시킨다. 일종의 사회적 담보를 설정하고 이자부담을 감소함으로써 상환부담을 완화시켰다.

'소비 활동'이 아닌 '상업 활동'에 대한 대출 제공

그라민은행의 대출은 '소비 활동'이 아닌 '상업 활동'을 하는 경우에만 제공되는데, 대금 회수는 수시로 이루어진다.

정치적 압력 배제

저소득 계층의 빈곤 탈피를 위해 방글라데시 정부는 막대한 금액의 정부 보조금을 투입했으나 이는 각종 부패로 인해 대출된 자금관리가 엉망이었다. 그라민은행은 대출자금을 출자한 기관이나 정치가의 부당한 압력에서 벗어나는 것부터 그 성공의 시작이라 보았다.

구현
Invention

🐾 소득수준 하위 25%의 가난한 사람을 위한 그라민은행을 설립하다

그라민은행을 통해 자립에 성공하는 여성들

은행 설립 및 운영을 통한 높은 대출회수율 및 흑자 전환

그라민은행의 대출 회수율은 99%에 육박하며 수혜자의 대부분이 여성이다. 무하마드 유누스와 그라민은행의 마이크로 크레디트 운동은 전 세계로 확산되고 아프가니스탄, 카메론 등 저개발국에서 미국, 캐나다, 프랑스 등에 이르기까지 37개국 9,200만 명 이상이 혜택을 받고 있다.

법에 기대지 않고 관계와 신뢰 관계망 구축

그라민은행은 원금을 돌려받기 위해 법에 호소하거나 변호사에게 자문을 구하지 않았다. 돈을 빌려주는 사람과 돈을 빌리는 사람 사이에 사법적 관계는 존재하지 않으며 서류도 필요하지 않다. 유누스는 "우리는 다만 사람들과 관계를 맺을 뿐이며, 우리 은행이 성공하느냐 실패하느냐는 오로지 사람들과의 관계에 달려 있다."고 말했다.

찾아가는 서비스로서의 은행

가난한 여성은 문맹인 경우가 많고, 이들은 은행에 간다는 사실만으로도 부담을 느낀다. 그라민은행은 설립 때부터 은행이 사람들 쪽으로 간다는 원칙에서 출발했다.

돈이 아닌 사람 관리

일반 은행은 '돈'을 보고 '결과'를 관리하지만, 그라민은행은 '사람'을 보고 '과정'을 관리한다. 직원들은 매주 한 차례씩 융자를 준 사람들을 방문해 재정과 융자한 돈을 제대로 쓰고 있는지를 확인한다. 2만 명의 직원이 매주 대략 300만 가구를 방문하고 있다.

국내 신문사에 소개된 무하마드 유누스

🚲 99%의 높은 회수율을 통해 빈민의 자립을 돕고 여권을 신장하며 세계 여러 나라에 그라민 운동 부흥을 일으키다

사회적 임팩트
Social Impact

그라민은행은 설립된 1983년부터 현재까지 방글라데시에서는 여권 신장과 여성의 경제활동의 비중을 높이는 데 큰 역할을 하였으며, 이를 통해 경제성장에 큰 영향을 주었다.

특히, 2017~2019년 동안 그라민은행을 이용한 전체 고객 중 평균 96.6%가 여성인 것으로 나타났다. 대출 평균 금액은 약 460달러였으며, 이 자금으로 여성들은 어업이나 양계와 같은 소규모 1차 산업에서 식료품점, 약국, 유제품 가게, 릭샤를 활용한 운수업까지 다양한 분양에서 사업활동을 활발히 진행 중이다.

그라민은행은 방글라데시를 비롯하여 아시아에서는 중국, 동티모르, 인도네시아, 레바논, 파키스탄, 사우디아라비아, 필리핀, 예맨 등을 비롯하여 아프리카, 중남미의 여러 개발도상국에도 진출해 있으며, 미국과 같은 선진국에도 진출하여 빈곤층을 위한 금융활동을 지속해 나가고 있다.

역발상을 통해 세상을 바꾸어 놓은 무하마드 유누스

미국을 비롯한 빈민 구제 프로젝트 운동 확산

미국 은행가들은 마이크로 크레디트는 빈국의 방식이라 부국인 미국에서는 통하지 않는다고 주장했다. 하지만 무하마드 유누스는 이것이 빈국과 부국의 문제가 아니라 빈곤층 자체의 문제이기 때문에 미국에서도 충분히 통할 수 있다고 주장했다. 미국에서만 뉴욕 할렘가 등 700개 이상의 소액대출 프로그램이 운영되고 있다.

다양한 분야에서의 빈민 구제 프로젝트 확산

그라민은행 외에도 빈곤과 개발 등 다양한 문제해결을 위해 그라민폰(휴대폰 회사), 그라민 요거트회사, 그라민 안과병원, 그라민 재생에너지회사 등도 운영하고 있다. 이윤 추구가 목표가 아닌, 공공 선(善)을 위한 사회 기업들로 이들의 운동은 전 세계적으로 그라민 운동의 귀감이 되고 있다.

2. 인도의 눈을 밝혀 주는 '아라빈드 병원'

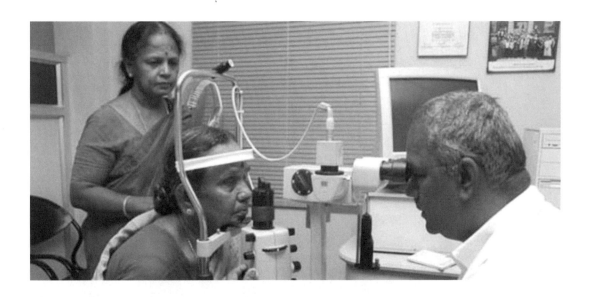

인도에서는 간단한 시술로도 치료 가능한 백내장을 제대로 치료받지 못해 시력을 잃은 사람이 1,200만 명이 넘는다. 간단한 수술조차 받지 못하며 평생을 고통받는 사람들을 위해 고민하던 고빈다파 벤카타스와미는 새로운 혁신으로 이 문제를 해결해 간다. 앙트러프러너십의 사회적 분야 중 의료계의 혁신을 보여 준 아라빈드 병원, 혁신적인 경영기법을 도입하여 사회적 약자들에게 무료시술을 하고도 연 40%가 넘는 영업이익을 남기는 병원을 소개하고자 한다.

공감적 문제발견
Empathetic Problem

가난한 사람들도 값싸게 치료를 받을 수 있는 저렴한 백내장 수술은 없을까?

창의적 문제해결
Creativity

포드식 수술 시스템을 통해 저렴하고 신속한 수술 시스템을 마련하다.

구현
Invention

아라빈드 병원을 설립하고 무상지원과 저렴한 의료체계를 구축하다.

사회적 임팩트
Social Impact

시스템 혁신으로 무료시술과 저렴한 수술비용으로 사회 봉사와 수익창출을 동시에 달성하다.

공감적 문제발견
Empathetic
Problem

🌱 가난한 사람도 값싸게 치료를 받을 수 있는 저렴한 백내장 수술은 없을까

백내장은 대표적인 안과 질환이다. 눈에서 렌즈 역할을 하는 수정체가 혼탁해져서 앞이 뿌옇게 보이다가 끝내 실명까지 하게 되는 무서운 병이다. 다행히 백내장 수술은 간단하고 비용도 저렴해 쉽게 치료할 수 있다고 한다.

하지만 인도 극빈층의 경우에는 다르다. 이렇게 간단한 수술조차 받지 못할 정도로 경제적 여유가 없기 때문이다. 인도에는 1,200만 명이 넘는 시각장애인이 있는데, 그중 80% 이상이 가난 때문에 제때 백내장을 치료하지 못해서 평생 고통의 짐을 안고 살아가고 있다.

아라빈드 병원의 사람들

질병의 고통은 물론 시력을 잃은 채로 돈을 버는 일도 쉽지가 않으니 가난 때문에 시력도 잃고 꿈도 잃는 악순환이 반복되는 것이다. 이들에게 빛을 되돌려 줄 수 있는 방법은 무엇이 있을까? 흔히 알듯이 병원치료에 드는 기자재의 높은 비용과 인건비로 인해 불가능해 보이는 것이 사실이다. 사회적 목적을 위한 병원, 좀 더 나아가 빈곤층들을 위한 병원은 없을까?

창의적 문제해결
Creativity

🌱 포드식 수술 시스템을 통해 저렴하고 신속한 수술 시스템을 마련하다

미국의 백내장 수술비용은 1,800달러이지만, 아라빈드 병원의 수술비용은 18달러이다. 그나마 병상의 절반 이상을 무료로 수술을 제공하고 있다. 이러한 서비스를 제공하기 위해 아라빈드 병원은 어떤 창의적 사고와 문제해결 방법을 생각했을까?

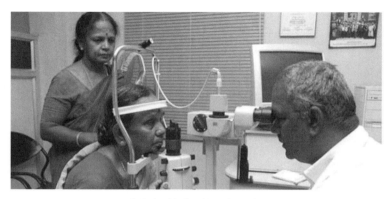

백내장 시술을 받는 인도 여인

맥도날드 제조 방식을 병원에 적용하는 창의성

표준화된 아라빈드의 수술 절차로 맥도날드 제조 방식을 병원에 도입했다. 수술실에는 2개의 수술용 침대가 놓여 있어 한쪽의 수술이 끝나면 의사는 바로 뒤돌아 다른 환자의 수술을 즉각적으로 시작한다. 의료 기술, 인력, 공간 등을 최적으로 조합한 방식이다.

'수익 활동'과 '무료 시술'을 동시에 추구하는 시스템 창안

'이윤 없이는 가난한 사람을 도울 수 없다.'고 판단한 아라빈드 병원은 수익마련과 함께 빈곤층의 무료 서비스를 동시에 제공하기 위한 방안을 연구한다. 박리다매형 의료를 통해 수익 일부를 무료로 전환하면서도, 일정 이상의 수익을 남기는 구조를 만들었다.

아라빈드 병원의 수술 현장

구현
Invention

비전문가의 의료 참여 확대 및 분업화된 시스템

보통 의료 시술은 전문가만이 할 수 있다고 생각한다. 하지만 최종 진단을 제외한 단순 반복 작업은 비전문가도 할 수 있는 일이다. 인건비가 저렴한 고졸 여성을 채용하고 내부에서 2년간 교육시켜 활용한다. 아라빈드 병원은 '컨베이어 시스템'처럼 환자가 병원을 찾아 접수부터 각종 검사, 상담, 처방까지 모든 과정을 분업화한다.

아라빈드 병원을 설립하고 무상지원과 저렴한 의료체계를 구축하다

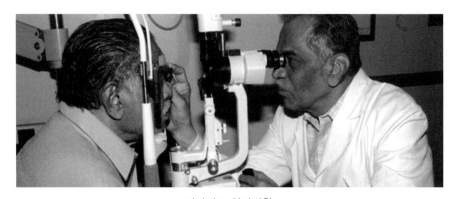
아라빈드 안과병원

아라빈드 안과병원은 1976년 11개 병상의 작은 병원으로 시작했다. 수술비를 낼 여력이 되는 환자에게 받은 돈으로 가난한 환자들까지 치료하겠다는 '아라빈드 병원'은 현재 7개 병원에 전체 고용 인원만 3,000명에 달하는 세계 최대 안과

병원으로 성장했다.

맥도날드화를 통한 방대한 수술건과 재정흑자

아라빈드 병원에서 의사가 개별적으로 1년간 시행하는 백내장 수술은 평균 2,000건이라고 한다(참고로 인도 안과 의사는 300건, 미국에서는 125건). 설립 이후 현재까지 아라빈드는 3,200만 환자들을 진료, 400만 건이 넘는 수술을 실행했다.

재정적으로도 2009년 5월~2010년 4월 기간 기준 미화 2,900만 달러의 매출을 올리고 1,300만 달러 경상이익(45%)을 남긴다.

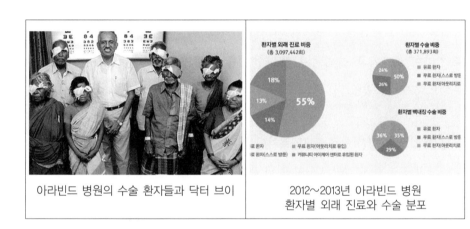

아라빈드 병원의 수술 환자들과 닥터 브이

2012~2013년 아라빈드 병원
환자별 외래 진료와 수술 분포

위기를 혁신으로 돌파한 오로랩

경영혁신을 통해 많은 부분에서 비용을 줄였음에도, 100달러에 육박하는 인공수정체는 큰 부담이었다. 이를 싸게 공급하기 위해서 오로랩 연구소를 만들어 보다 적은 비용으로 인공수정체를 제작하기 위한 연구를 하였다. 그 결과 기존 시장의 가격보다 15~30배 저렴한 인공수정체를 만드는 쾌거를 거두게 된다. 비수익 기관에는 4달러, 수익기관에는 8달러에 공급하면서 안정적으로 사업을 운영하는 데 날개를 더했다. 덕분에 미국에서 1,700달러를 지불해야 하는 수술을 아라빈드에서는 10달러로 받을 수 있게 된다. 현재 오로랩은 인공수정체 생산업체로는 세계에서 세 번째로 큰 규모를 자랑하며, 인공수정체뿐만 아니라 수술에 필요한 의료재료와 의료품을 세계 120여 개 나라에 수출하고 있다.

시스템 혁신으로 무료시술과 저렴한 수술비용을 실현하여 사회봉사와
수익창출을 동시에 달성하다

의료시설 및 교육시설 전반에 전담기구 확산

현재 인도에는 의료시설에 접근이 어려운 낙후 지역의 환자들을 발굴해 수술
까지 진행할 수 있는 스크리닝 캠프(screening camp) 및 아이케어센터(eye care
center)가 1,800개 넘게 운영되고 있다. 이뿐만 아니라 백내장 수술과 특별 진료
를 전담하는 5곳의 병원, 교육과 트레이닝을 담당하는 교육시설 등 다양한 아라
빈드 전문 기관도 인도 곳곳에 퍼져 있다.

2012~2013년 연차보고서에 따르면 외래 진료 환자 중 55%가 진료비를 지불
하였고 45%는 무료로 서비스를 받았다. 37만 건이 넘는 수술을 실행하였고 그
중 절반의 환자가 무료로 수술을 받았으며, 특히 백내장 수술은 65%의 환자가
무상으로 수술을 받았다.

세계적으로 다양한 의료 롤모델로서의 영향력

아라빈드 병원에 있는 120여 명의 의사들은 매일 7천 명이 넘는 환자를 진료
하며, 850여 명을 수술하고 있다. 인공수정체의 경우 전 세계 생산의 10%를 오
로랩에서 공급하고 있다. 아라빈드 병원은 불가능에 가까워 보였던 무상서비스
와 이윤사업의 공존을 넘어 현재 세계에서 가장 질 높은 안과 서비스를 공급하
고 있다. 국내에도 '가난해서 듣지 못하는 이들이 없는 세상'을 만들겠다는 목표
로 기존 시장 가격의 35~50%에 해당하는 저가형 보청기를 생산하는 데 성공한
사회적 기업 대원 메디테크(전 딜라이트 보청기)의 사례가 있다. 아라빈드 병원의
시대적 사명감과 앙트러프러너십은 의료 혁신의 영감이 된다.

3. 백성을 위해 만든 세종대왕의 한글 '훈민정음'

불과 100년 전에는 글을 읽고 쓸 줄 안다는 것은 특권층의 권력이자 그들의 입지를 다지는 기반이었다. 하지만 세종대왕은 모든 백성이 널리 사용하여 무지에서 깨어날 수 있도록 한글을 창제하고 반포하였다. 이것은 오늘날 대한민국이 문화국가가 되는 초석이 되었다.

기존의 질서와 체제에 편승하지 않고 모든 백성을 위한 새로운 혁신으로 세상을 바꾼 세종대왕은 우리 역사에서 빛나는 대표적인 앙트러프러너이다. 이번 절에서는 세종대왕의 한글 창제를 통한 앙트러프러너십의 사례를 살펴보도록 하겠다.

공감적 문제발견
Empathetic Problem

모든 백성이 쉽게 읽고 쓸 수 있는 우리 고유의 글자를 만들 수는 없을까?

창의적 문제해결
Creativity

발성기관을 활용한 과학적 원리를 통해 우리만의 독창적인 글자를 만들다.

구현
Invention

훈민정음을 통해 한글을 반포하고 보급하다.

사회적 임팩트
Social Impact

세계 최고의 문해력을 통한 문화국가의 초석을 다지고 민족의 정체성을 단결시키다.

공감적 문제발견
Empathetic
Problem

🌱 모든 백성이 쉽게 읽고 쓸 수 있는 우리 고유의 글자를 만들 수는 없을까

훈민정음 서문

우리나라의 말과 소리가 중국과 달라 한자와 서로 통하지 않는다.

그러므로 어리석은 백성들이 말하고 싶은 바가 있어도 그 뜻을 펴지 못하는 이가 많다.

내가 이를 불쌍히 여겨 새로 스물여덟 자를 만드노니, 사람마다 쉽게 익혀 나날이 쓰기에 편하게 하고자 할 따름이니라.

훈민정음 해례본

말과 글은 우리 삶의 가장 기본이 되는 도구이다. 말과 글은 우리의 사고와 정서가 담기며, 세상과 소통하는 창문과도 같다. 그럼에도 우리에게는 오랫동안 우리글이 없었다. 이를 안타깝게 여긴 왕이 있었다. 똑똑한 왕은 많았어도 백성들의 처지에서 공감하고 직접 행동했던 왕은 많지 않았다.

훈민정음을 창제한 목적에 대해 세종대왕은 글을 모르는 백성을 불쌍히 여기고, 그들이 말하는 바를 펼 수 있게 하기 위함이라고 훈민정음 해례본에 제시하고 있다.

책을 읽지 못하니 이치를 깨닫지 못한다. 그래서 죄가 죄인지 모르고 죄를 짓는다는 것이다. 억울한 일을 당하여도 글을 모르기 때문에 백성들은 제대로 호소할 수 없었다.

한글을 제외하면 지구상 어떤 문자도 소외층이나 하층민을 배려해 만든 경우는 없었다. 세종대왕은 무지한 백성들의 고통을 공감하였고 양반이 독점하던 지식과 이치를 모든 백성이 배우고 나눌 수 있게 했다.

🖋 발성기관을 활용한 과학적 원리를 통해 우리만의 독창적인 글자를 만들다

문자를 창제한 원리와 과정을 상세히 기록한 책은 세계 언어 중에서 훈민정음이 유일하다. 한글 창제의 과정과 원리 속에는 우리가 생각하는 것 이상의 엄밀한 법칙과 창의성이 담겨 있다.

창의적 문제해결
Creativity

과학적 원리로 만든 우리 글 창제

한글 창제의 원리는 사람의 발성 기관을 모방하여 과학적으로 만든 것이다. 글자와 소리가 규칙적으로 대응하고, 글자의 짜임새가 체계적이다. 또한 한글은 다음과 같은 특징을 갖는다.

첫째, 한글은 무가음 'ㅇ'이 있는 유일한 문자이다. 이 무가음으로 인해 한글은 자음과 모음이 완전히 분리되고 표현능력은 무궁히 늘어난다.

둘째, 한글은 초성, 중성, 종성의 구분이 명확하다. 이로 인해 음절과 발음이 명확해진다.

셋째, 기호의 간결성이다. 간결하여 배워 익히기 쉽다.

넷째, 조형미(조합)이다. 한글은 자음과 모음의 모양이 뚜렷한데 이는 조합을 염두에 두고 철저히 연구해 만들어진 것이다.

'기득권의 입장이 아닌 백성의 입장을 대변한 애민사상'의 글자, 세종의 한글 창제는 백성들에 대한 연민과 사랑 그리고 의사소통을 하려는 뜻에서 비롯되었다. 한글은 양반이나 지배층을 위한 글이 아니다. 한글 반포 이후 당시 최만리를 비롯한 사대부들의 반대 상소가 끊이지 않았다.

사실 문자를 만든다는 것은 학문적으로는 대단한 일이지만 외교적으로는 큰 부담이었다. 중국이 중심인 화이체제에서는 중국은 곧 '문명', 나머지는 오랑캐로 여겨졌고, 조선도 역시 그 '문명'의 기준에 부합하기 위해 많은 노력을 했으며, 정치적으로도 그 문명 세계의 일원이라는 것으로 나라의 권위를 강화했다. 따라서 중국의 한자가 아닌 다른 글자를 쓴다는 것은 오랑캐의 문화로 비춰질 수 있다는 점이 문제였다. 그럼에도 백성들의 삶을 챙기고 마음을 헤아리는 역지사지의 소통과 배려 그리고 포용의 소산이 한글이었다.

구현
Invention

⚙️ 〈훈민정음〉을 통해 한글을 반포하고 보급하다

융합과 공유를 통한 문화적 정체성 확립

세종대왕은 민족의 자긍심을 키워 주는 민족문화 정립을 국가운영 비전으로 삼았다. 당시 동아시아의 중심이 중국에 있었다는 점을 감안하면, 세종의 민족문화 정립이 내포하는 의미와 가치는 클 수밖에 없다. 중국의 문화를 수용하고 중국 중심의 국제 질서를 인정하면서도, 다른 한편으로는 우리 것의 소중함을 일깨움으로써 조선의 독창성과 자주성을 발전시키려는 세종대왕의 의지를 읽을 수 있기 때문이다. 그렇게 융합과 공유를 통한 문화적 정체성을 구현한 것은 위대한 업적으로, 오늘날까지 민족의 주체성에 영향을 끼치고 있다. 또한 문화진흥을 위하여 교육과 문화를 진작시키면서 그 중심에 '말'과 '언어'가 있음을 인식하였다. 우리글과 언어는 우리의 정신이며 이를 통해 탄탄한 문화 부흥의 초석을 다졌다.

세종어제 훈민
정음, 목판본
월인석보 제1권

문자와 언어의 일치를 통한 감정 표출의 도구 '한글' 창제

조선시대에 한문 실력으로 둘째가라면 서러워할 인물이 정조이다. 당대 한문이 고위층의 언어라는 관점에서 볼 때, 나라의 최고 지도자인 임금 또한 서신을 한문으로 썼다는 데에 특이할 점이 없을 것으로 보인다. 그러나 서신 중 유독 '뒤죽박죽'은 한글로 써 내렸다고 한다. 당시 양반들이 뒤죽박죽을 '錯綜(착종)'이라고 썼는데, 이 한문으로 된 단어가 왜 정조는 서신에 '뒤죽박죽'이라는 단어를 있는데 '착종'이라 하지 않았을까?

훈민정음 연구가인 김슬옹 박사는 이러한 점을 하나의 혁명이라 언급하였다. 한문은 우리의 말을 온전히 전달하는 것이 아니라는 것이다. 우리말과 유사한 한문을 글로 표현한 것이다. 이러하다 보니 입으로 표현하는 언어와 글로 표현하는 언어의 느낌과 감정이 다르다고 볼 수 있다. 그러나 훈민정음은 우리의 입말을 그대로 글로 표현할 수 있게 함으로써 감정과 느낌을 소상히 글로 남기게 되어 글과 말의 느낌을 일치시킬 수 있게 된 것으로 보고 있다.

한글 반포 및 보급

세종대왕은 즉위 28년(1446년)에 '훈민정음'을 반포한다. 집현전 학자 최만리를 비롯해 많은 반대가 있었지만 세종대왕은 한글로 된 최초의 노래인 「용비어천가」를 짓는 등 한글의 사용을 적극 권장하고 활용하도록 하였다. 한글 제작에만 노력한 것이 아니라 모든 백성에게 두루 활용될 수 있도록 전파에도 힘을 썼다.

✿ 세계 최고의 문해력을 통한 문화국가의 초석을 다지고 민족의 정체성을 단결시키다

사회적 임팩트
Social Impact

누구나 쉽게 배울 수 있는 실용적인 언어

한글이 점차 보급되면서 서민들은 생각과 뜻을 글로 적을 수 있게 되었고, 이로 인해 민원 해소, 농업기술의 전수, 친지 간 편지 왕래 등 일상생활에서 한글을 활용하였으며 서민들의 생활 개선과 의식 성장을 가져왔다.

한글은 우리 민족의 독창성과 문화적 자긍심이 깃든 문자이자 자랑스러운 민족의 유산이다. 다양하고 많은 발음을 표기할 수 있는 최고의 과학적, 창의적 문자라는 위대한 점도 있지만, 누구나 쉽게 배울 수 있는 실용적이고도 애민사상이 담긴 우리 고유의 문자라는 점이 더욱 숭고하다.

소통과 배려의 문자 한글을 통한 문화국가의 초석 마련

한글은 글을 몰라 어두운 세상을 살았던 백성들에게 소통을 통한 밝음의 길을 열어 주었고, 억울한 일이 생겨도 글을 쓸 줄 몰라 호소할 길이 없었던 서민과 여성 등 사회적 약자들이 자신의 목소리를 낼 수 있게 한 배려와 희망의 문자이기도 하다. 소통과 배려는 이 시대의 더욱 중요한 가치로 부상되고 있는데 세종대왕은 6백여 년 전 한글 창제를 통해 이를 실현하였다.

세종은 합리적인 국가운영, 공정한 인재등용, 포용과 화합의 리더십을 통해 한글창제라는 찬란한 업적과 문예부흥의 초석을 놓았다. 세종대왕의 한글 창제는 지식 강국, 교육 강국의 시대를 열었고, 오늘날 첨단 정보화시대의 문화한류를 이끌어가고 확산하는 데에도 든든한 기반이 되고 있다.

11 정책 앙트러프러너십 사례

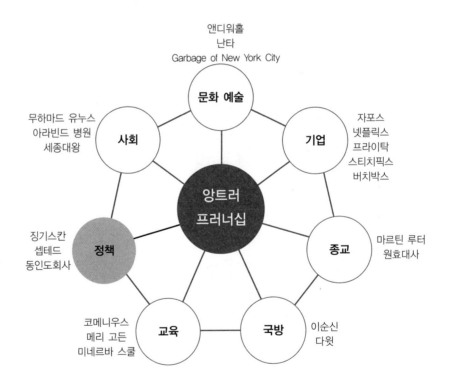

1. 징기스칸, 신 앞에 평등한 제국을 꿈꾸다

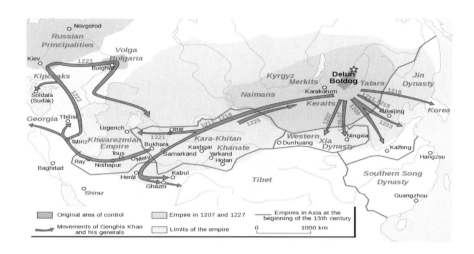

미국의 시사 주간지 『타임』이 발표한 '지난 천 년 동안 세계에 가장 큰 영향을 미친 인물 100 명' 중 1위를 차지한 인물이 바로 징기스칸이다. 인류 역사상 가장 넓은 땅을 지배한 인물. 고려에서 시작해서 헝가리까지 실크로드를 관통한 중앙아시아 전역을 차지했던 몽고제국은 어떻게 다양한 언어와 종교를 가진 민족들을 통치할 수 있었을까?

공감적 문제발견
Empathetic Problem

언어와 종교가 다른 민족이 포함된 대제국을 어떻게 통치할 수 있을까?

창의적 문제해결
Creativity

메타 종교적 관점으로 개별 민족을 포용하다.

구현
Invention

토론과 질문을 통해 종교 공존의 시험장을 마련하다.

사회적 임팩트
Social Impact

다민족 군대를 통한 인류 역사상 가장 큰 영토를 형성하다..

공감적 문제발견
Empathetic
Problem

🐾 어떻게 언어와 종교가 서로 다른 다양한 민족을 통치할 수 있을까

징기스칸의 영토에는 동유럽, 중동, 아시아의 다양한 인종과 민족에 속한 사람들이 저마다의 언어와 종교를 가지고 있었다. 실제로 몽골제국에서는 애니미즘·유교·도교·힌두교·불교·유대교·기독교·이슬람교·마니교·조로아스터교의 다양한 종교가 공존해야 했고, 각 종파는 저마다 자신의 종교가 지상에서 신의 말씀을 유일하게 전하는 종교라고 주장하며 경쟁 종파들을 상대로 맹렬한 싸움을 벌였다. 말도 통하지 않을 뿐더러 서로 다른 종교를 가진 사람들이 하나의 제국에서 공존하는 일은 생각처럼 쉽지 않았다.

창의적 문제해결
Creativity

🐾 메타 종교적 관점으로 개별 민족을 포용하다

거대한 제국에서 다양한 민족들이 함께 살아가기 위해서 징기스칸은 개별 민족과 그들의 종교에 대해 포용적인 입장을 가지되, 그들의 종교를 넘어선 메타 종교적 관점을 제시하였다. 자신들이 바로 '신의 정벌'이라고 선언한 것이다. 현재 통치하고 있는 군주들의 권력을 분쇄하고 하늘의 뜻과 신의 질서를 회복하기 위해 침략에 나섰다는 것이다. 그들에 따르면 공자, 붓다, 예수, 모세, 조로아스터, 마니, 무함마드, 기타 군소 예언자들은 하늘이 지상에 보낸 수많은 전령이며, 페르시아어, 산스크리트어, 중국어, 아랍어, 히브리어, 그리스어 등 기타 현재 인멸된 언어 등으로 기록된 경전들은 하늘의 뜻을 전달한 것이다.

종교는 지역색이 강하고 특정 장소와 언어문화에 기반을 두고 있다. 그러나 이런 특징은 모든 땅, 사람, 신을 아우르는 보편적인 제국을 세우고자 한 징기스칸의 의도와는 맞지 않았다. 모든 종교는 중요한 진리를 가지고 있지만, 같은 경전을 읽고 같은 신앙을 가진 학자라도 크고 작은 문제들을 두고 계속 싸웠고, 심하면 한쪽을 살해하는 사태까지 벌어졌다. 같은 글을 해석했지만, 그들은 서로 반대되는 판단을 했다. 그러니 사회를 조화롭게 운영해야 하는 지극히 중요하고 실용적인 책임을 그들 중 어느 한 종교에 믿고 맡길 수 없었다. 따라서 징기스칸은 스스로 신이 되어 하늘의 뜻과 질서를 회복하여 다양한 종교가 공존할 수 있는 새로운 세계를 창조하였다.

징기스칸은 하늘에서 내려온 새로운 경전을 제시하지도 않았고 새로운 교회를 건설하지도 않았다. 그는 하늘이 이미 경전을 충분히 내려 보냈고 모든 사람은 기본적으로 선과 악을 구분할 수 있다고 보았다. 그래서 그는 다수의 서로 다른 민족을 단결시키고 기존의 종교들이 그들의 근본적 사명을 완수하도록 지도하는 작업에 착수했다.

토론과 질문을 통해 종교 공존의 시험장을 마련하다

구현
Invention

징기스칸은 처음에는 거대한 사원, 엄청난 부, 화려한 의식 행렬 등을 자랑하는 대규모 종교는 사제들의 배를 불릴 뿐 신도들을 구원하지 못하고 있다고 지적했다. 그래서 종교지도자들을 소환하여 여러 언어로 된 경전을 읽어 달라고 하고, 그 다음에 자신이 보는 앞에서 그들의 종교를 저마다 설명하고 토론하도록 하였다. 그리하여 다양한 종교 지도자들은 칸의 유목캠프에 모여들었다.

징기스칸은 어떤 종교를 다른 종교보다 우위에 두면 제국에 폐해가 발생한다고 판단했다. 그러나 완전한 진리를 가지고 있다고 주장하지 않는 종교는 없었다. 따라서 그는 한 번에 한 명씩 종교지도자들과 대화를 하며 그들의 가르침을 들었고, 그들의 종교적 관습에 대해 질문하고, 그들의 업적을 검토했으며, 그들의 도덕을 시험하였다. 그리고 징기스칸은 각 종교의 좋은 점을 제국의 행정과 법에 흡수했다. 그는 모든 종교가 참되다고 봤다. 나쁜 종교는 없다는 것이다. 나쁜 짓을 하라고 가르치는 종교는 없기 때문이다.

다민족 군대를 통해 인류 역사상 가장 큰 영토를 형성하다

사회적 임팩트
Social Impact

징기스칸의 군대는 처음에는 몽골족으로만 구성되었으나 이후 곧 국제 혼합군으로 편성되었다. 수십 가지 다른 인종으로 구성되었으며 평등하게 대우받았다. 중국인 토목기사들은 성벽을 쳐부수는 파성추 기계를 만들어 냈고, 공격에 방해가 되는 강물의 방향을 바꾸어 놓았으며, 중국인 의사들은 부상자를 돌보았다. 슬라브인들은 러시아에서 왔고, 작센에서는 광부들을 동원했으며, 어떤 영국인 귀족은 조국을 버리고 글로벌 군대에 들어왔다. 그리하여 인류 역사상 가장 큰 영토를 가진 제국의 다민족 군대가 형성되었다.

  징기스칸은 인류 역사상 가장 넓은 땅을 지배한 인물이다. 그것은 우리가 정복자로 알고 있는 알렉산더, 나폴레옹, 히틀러가 정복한 모든 땅을 합친 것보다 더 광활한 면적이다. 징기스칸이 정복한 땅은 알렉산드로스제국의 4배, 로마제국의 2배였다. 100만 명의 인구를 가진 나라에서 15만 명도 안 되는 병력으로 일군 대제국이었다.

2. 셉테드(CPTED: Crime Prevention Through Environmental Design) 환경 설계를 통한 범죄 예방

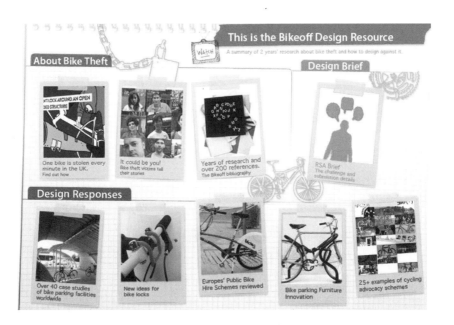

우리 주변에서 CCTV를 찾는 것은 그리 어려운 일이 아니다. 사생활 침해의 논란에도 불구하고 범죄 예방을 목적으로 하는 CCTV는 그 수가 증가하고 있다. 그런데 CCTV 역시 사각지대가 있는 감시카메라인지라 지능적인 범죄자들 앞에서는 무용지물이 되는 경우가 많다. 감시와 방범을 넘어선 좀 더 근본적인 범죄 예방의 방법은 없을까?

공감적 문제발견
Empathetic Problem

CCTV도 피해 가는 범죄,
좀 더 근본적인 예방법은?

창의적 문제해결
Creativity

범죄 예방에 대한 접근방식
의 전환: 감시나 방범이
아니라 환경 디자인으로

구현
Invention

지역 주민의 참여와
의견을 반영하는
범죄 예방 디자인

사회적 임팩트
Social Impact

전 세계적 환경 디자인
트렌드로 확산된 CPTED

공감적 문제발견
Empathetic
Problem

🚲 CCTV도 피해가는 범죄, 좀 더 근본적인 예방법은?

영국은 CCTV가 많기로 유명한 도시이다. CCTV를 많이 달아 놓은 이유는 단하나, 범죄를 막기 위해서이다. 하지만 '감시의 눈' 때문에 사생활 침해 논란이 생겼고, 기대했던 범죄 예방 효과를 거둘 수 없었다. CCTV가 별 효과를 거두지 못하자 런던은 보다 근본적인 범죄 예방법을 고민하게 되었다.

창의적 문제해결
Creativity

🚲 범죄 예방에 대한 접근 방식의 전환: 감시나 방범이 아니라 환경 디자인으로

런던에는 'Design against crime research center'라는 기관이 있다. 디자인으로 범죄를 줄이기 위한 방법을 고민하는 곳이다. 센터 설립자인 로레인 개먼(Lorraine Gamman) 교수는 실질적으로 범죄 발생률을 낮추는 것은 감시와 방범이 아니라 범죄자와 피해자의 행동을 바꿀 수 있는 조건을 마련하고 환경을 제공하는 것이라고 말하며 범죄 예방을 위한 환경 디자인에 나섰다.

그들의 첫 번째 프로젝트는 '자전거 도난 방지 디자인'이다. 자전거 절도는 영국에서 가장 흔하게 일어나는 범죄이며 사람들이 일상적으로 골머리를 앓고 있는 문제 중 하나였기 때문이다.

구현
Invention

🚲 지역 주민의 참여와 의견을 반영하는 범죄 예방 디자인

그 결과 자전거 주차장 환경과 거치대가 새롭게 디자인되었으며, 실제로 자전거 도난 사건 발생이 크게 감소하였다. 이렇게 한 디자인 센터에서 시도했던 범죄 예방 디자인 적용의 성과는 현재 런던 시내 전체에 적용되어 있다.

자전거 주차장 환경과 거치대 변화 사업이 성공하게 되자 'Design against crime research center'는 범죄 예방을 위해 도시의 여러 부분을 다시 디자인하는 작업을 진행하였고 여러 분야에서 효과를 거두었다. 이러한 범죄 예방 디자인 작업은 범죄자와 피해자를 포함해 범죄와 관련된 모든 이해관계자의 행동과 심리 등을 파악하고 그에 맞는 디자인을 개발해 환경을 바꾸는 것이 CCTV를 몇 대 더 설치하는 것보다 범죄 예방에 훨씬 더 효과적이라는 사실을 알리는 계기가 되었고, 런던을 비롯한 범죄 예방이 필요한 영국 전역으로, 또 전 세계로 확산되고 있다.

　범죄 예방 디자인은 지역 주민의 참여와 의견을 반영해 그 지역의 특색을 살리고, 주민의 결속력을 높였다. 언제 어디서든 눈에 잘 띄는 노란색을 공통적으로 사용했으며, 범죄 예방 디자인 전체 안내판과 동네 알림 게시판을 설치했다. 위험하거나 경고가 필요한 곳엔 눈에 띄는 문구나 친근한 그림, 조명과 음악, SOS 비상벨과 CCTV 등을 활용했다.

　쓰레기로 몸살을 앓던 곳은 일단 쓰레기부터 치운 후 노란색 경고 문구나 그림을 그려 그곳이 더 이상 쓰레기 버리는 장소가 아니라는 인식을 심어 주었으며, 쓰레기 무단 투기를 막기 위해 CCTV나 자동 경고음이 울리는 장치를 설치했다.

CPTED 적용 전(서울시 강북구 삼양동)

CPTED 적용 후(서울시 강북구 삼양동)

폐가를 가린 집 모양의 가림막(서울, 강북구 삼양동)

사회적 임팩트
Social Impact

🚲 전 세계적 환경 디자인 트렌드로 확산된 CPTED

영국의 한 지역에서 시작했던 범죄 예방 환경 설계(CPTED)는 이제 환경 설계를 이용해 범죄를 예방하려는 시도로 전 세계에 확산되었다. 아파트, 학교, 공원 등 도시 생활공간의 설계 단계부터 범죄를 예방할 수 있도록 다양한 안전시설 및 수단을 적용한 도시 계획과 건축 설계로 넓게 활용되고 있다.

또한 범죄 예방 환경 설계에 대한 연구가 지속되면서 범죄 예방 환경 설계의 노하우가 공유된다. 핵심 내용으로 자연적 감시(natural surveillance), 자연적 접근 통제(natural access control), 자연적 지역 강화(natural territorial reinforcement), 유지(maintenance), 활동 지원(activity support)이 제시되었다.

이렇게 적용된 범죄 예방 환경 설계는 범죄 시도를 감소시키는 것 이외에도 주민이 범죄로부터의 공포를 덜 느끼게 하는 것, 만에 하나 범죄가 발생하더라도 도움을 요청하기 쉽게 만드는 것, 도시의 미관을 개선하는 것 등 다양한 측면에서 효과를 보이고 있다.

3. 세계 최초의 주식회사 '네덜란드 동인도회사'

아시아 무역에 종사하는 회사가 난립하여 경쟁이 치열해져 가는 상황을 타개하기 위해 최초로 불특정 다수의 투자에 의한 방식의 주식회사를 설립한 것은 사회적인 창조성이 발휘된 대표적 사례라고 할 수 있다.

공감적 문제발견
Empathetic Problem

경쟁이 심화되는
상황을 어떻게
극복할 것인가?

창의적 문제해결
Creativity

불특정 다수가 투자하는
회사 운영자금 마련이
답이다.

구현
Invention

세계 최초의
주식회사인 네덜란드
동인도회사 설립

사회적 임팩트
Social Impact

오늘날 주식회사 설립
형태의 기원이 된다.

공감적 문제발견
Empathetic
Problem

향신료 수입회사가 난립하여 향신료 가격이 떨어지고, 회사 간의 상업경쟁은 심화되는 상황을 어떻게 극복해야 할 것인가

서양 문화에서 육류는 식재료의 중심이었다. 그런 만큼 육류를 부패하지 않게 보존하는 것은 중요한 문제였다. 따라서 육류를 절여서 부패하지 않게 저장할 수 있는 향신료는 서양 문화에서 매우 중요한 '재화'의 지위를 차지하고 있었다. 네덜란드에서는 향신료를 얻기 위해 아시아 무역에 종사하는 많은 회사가 난립하여 향신료 가격이 떨어지고 경쟁이 매우 치열했다.

이런 상황에서 아시아 무역 이익을 최대로 얻기 위해서는 각 회사 간의 지나친 상업 경쟁을 피하고 단결을 강화하며 분산된 상업과 항해 역량을 전반적으로 집중해야 함을 깨달았다. 과연 이를 이루기 위한 효과적인 방법은 무엇일까?

창의적 문제해결
Creativity

불특정 다수가 투자하는 회사 운영자금 마련이 답이다

이미 많은 회사가 난립한 상황에서 특별한 대책이 필요했다. 이러한 분위기에서 회사의 운영자금 마련을 위하여 불특정 다수가 투자하는 독특한 방식을 생각해 내게 되었다. 즉, 분산되어 있는 사회 재화를 자체적인 대외 확장을 위한 자본으로 활용하고자 한 것이다.

구현
Invention

세계 최초의 주식회사인 네덜란드 동인도회사 설립

네덜란드 동인도회사는 이전의 회사가 지니던 형식과 달리 〈특허장〉에 "자금의 투자는 단지 한 번의 원양항해만을 위한 것이 아니며, 10년의 기한이 있다."라고 규정하였다. 그리고 "상품을 판매한 후 회수한 현금이 원래 자본의 5%까지 될 경우 투자자에게 이윤을 분배해야 한다."고 규정하였다. 이런 규정은 초기 회사의 제도에 비해 상당히 발전한 것이며 현대적인 주식회사의 초기형태를 가졌다. 그래서 많은 학자는 네덜란드 통합 동인도회사를 세계 최초의 주식회사라고 본다.

1602년 네덜란드는 동인도회사를 설립한 후, 네덜란드의 우수한 조선(造船) 기술과 자본조달방식에 힘입어 아시아 지역에서 해상 무역을 적극적으로 추진하기 시작했다.

🍂 오늘날 주식회사 설립 형태의 기원이 되다

사회적 임팩트
Social Impact

동인도회사는 최조의 주식회사로서 주식회사 설립형태의 기원이 되었을 뿐만 아니라 다국적 기업의 시초이기도 하다. 동인도회사는 아시아 무역을 위한 경영본부 설립을 통해 분산되어 있던 아시아 각 지역의 상관을 밀접하게 연결하고 관리하였다. 이전의 해상 무역과 달리 체계적인 무역 네트워크를 이루어 동인도회사의 각 지역 무역이 독립되어 있지 않고 회사의 관리를 통해 각지의 무역망을 연결하기 시작한 것이다. 그래서 어떤 지역에서 무역상의 문제가 발생하였을 때 동인도회사가 무역 네트워크의 이점을 발휘하여 무역 방식 혹은 무역 상품에 대한 조정을 하여 그에 대응하였다. 이러한 동인도회사의 제도는 매우 진보적이며 오늘날 다국적기업의 시초라 할 수 있다.

12 교육 앙트러프러너십 사례

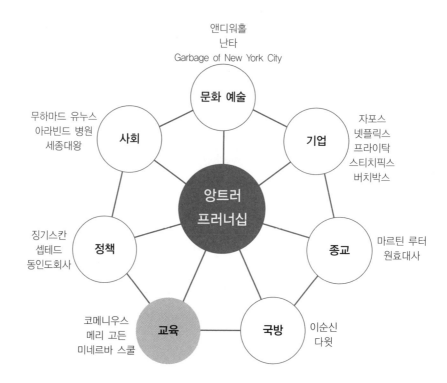

1. 코메니우스의 『세계도회』

1644년 『어학입문』 4개 국어판 1장의 첫 페이지

르네상스시대 과학과 문화는 꽃이 피었지만 교육현장은 그 상황에 맞지 않았다. 여전히 암기식 관념적 교육에 지나지 않았기 때문이다. 이에 코메니우스는 당시 학교 교육 시스템에 대해 문제점을 제기하였다. 코메니우스는 객관적 자연주의 그리고 감각주의를 바탕으로 한 교육 개혁을 주장하였다. 이에 그는 인쇄물로써 자신의 주장을 실제로 구현하였고 그것이 바로 『어학입문』, 『어학입문초보』, 『교육저술전집』과 그의 대표작인 『세계도회』이다. 코메니우스의 『세계도회』는 인류 최초의 시각화된 교과서이며, 아동을 위한 그림책이라 평가를 받고 있다. 이와 함께 그가 대교수학에서 제시했던 6년식의 4단계 학교 시스템은 훗날 독일 통일학교의 기본이 되었고, 미국의 민주교육제도인 단선형 학제의 원형이 되었다.

공감적 문제발견
Empathetic Problem

교육은 관념적인
것이 아닌 실재적인
것이어야 한다.

창의적 문제해결
Creativity

자연 그리고
감각이 답이다.

구현
Invention

인쇄술에 힘입어
책을 통해 생각을
밖으로 끌어내다.

사회적 임팩트
Social Impact

인쇄술에 힘입어
책을 통해 생각을
밖으로 끌어내다.

공감적 문제발견
Empathetic
Problem

🫁 교육은 관념적인 것이 아닌 실재적인 것이어야 한다

사회에서의 불화와 그에 따른 사회적 · 정치적 부조화는 잘못된 이해에서 비롯되며 이는 교육의 문제에서 시작한다. 당시 학교교육은 학생들의 경험을 적절한 개념과 연결시키지 못했고, 필요한 감각적 경험을 얻기 전에 단순히 언어에 의해서만 학습했다.

당시 가장 보편적인 학습법은 로마의 웅변가 퀸틸리아누스가 쓴 웅변가 교육을 토대로 학생들을 교육하는 것이었다. 이는 기억력에 최우선 가치를 두고 수사학적 훈련과 문법 훈련을 권고하는 것이었고, 문법학교가 성행하였다.

코메니우스의 『세계도회』 13장

14세기 르네상스의 결과로 그리스와 라틴문학의 다양한 사상과 파노라마식 구성 등으로 교육에서 그 꽃이 피었음에도 불구하고, 실제 학교 현장에서는 적용되기 어려웠다. 이에 코메니우스는 기존 교육 시스템에 대해 회의를 가지고 교육 개혁을 위해 노력했다.

🍃 자연 그리고 감각이 답이다

창의적 문제해결
Creativity

코메니우스는 객관적 자연주의, 그리고 감각주의에 사상적 토대를 가지고 자신만의 교육관을 정립했다. 더불어 그는 교육 개혁을 구상했는데, 6년식 4단계의 학교 제도를 두어야 한다고 하였다(4단계 단선형 학제: 어머니 무릎학교-모국어학교-라틴어학교-대학). 또한 코메니우스는 신 앞에서 모든 이는 기본 권리를 가지고 있다고 보고, 모든 사람이 참다운 인간이 될 수 있다고 보았다.

그는 이를 가능하게 해 주는 것이 교육이라고 생각했고, 교육이 사회 계층과 차별을 넘어야 하며, 이러한 보편 교육은 전 세계적으로 확대해 세계적 교육이 이루어져야 한다고 보았다. 또한 남녀평등을 이루어 여성에게도 남성과 동등한 교육을 할 것을 주장했다. 이에 코메니우스는 새로운 교육 시스템을 위한 일련의 노력을 시도하였다.

창조주가 부여한 가능성을 교육을 통해 형성하는 것이 교육의 목적이며, 이를 위해 모든 사물의 원인과 법칙을 아는 지적(知的) 도야, 사물의 지배자로 자신과 만물의 지배자가 되는 도덕적 도야, 창조주의 형상으로 자기 자신과 일체 사물을 신에 귀의시키는 도덕적 도야가 필요하다고 보았다. 구체적인 실현방법으로는 모든 지식을 백과사전식으로 조직해 가르치는 범지주의의 입장을 취했다.

이후 코메니우스는 대교수학을 통해 자연이란 사물의 세계뿐만 아니라 인간이 타고난 내면세계를 포함하는 것으로, 모든 교육은 자연의 원리에 따라 진행되어야 한다고 보았으며 이는 모든 교과에 공통 적용된다고 보았다. 이를 바탕으로 사물이 언어의 실체이므로 언어로 이해시키기 전에 사물, 표본, 실례를 통한 감각학습이 우선되어야 확실한 지식이 된다고 주장하였다.

그는 "교사는 천성의 하인일 뿐 주인은 아니다."라고 보고 수업은 아동 중심으로 할 것을 주장하는 한편, "훈육 없는 학교는 물 없는 물레방아와 같다." 하여 사랑과 모범으로 아이를 대해야 하나 충고와 질책도 필요하다고 주장했다. 이에 따라 최초의 그림을 곁들인 교과서인 『세계도회』와 시청각 교육을 실시했다.

구현
Invention

🖋 인쇄술에 힘입어 책을 통해 생각을 밖으로 끌어내다

그는 당대 인쇄술의 발전에 힘입어 출판물 저작에 힘을 썼다. 1631년 『어학입문(Janua Linguarum Reserata)』을 시작으로 2년 후 『어학입문 초보』와 교육저술전집을 발간하였다. 이 책에서 코메니우스는 정신적, 신체적 성숙정도에 따라 학습의 단계를 구분해야 하며 이에 맞게 학제를 구성해야 한다고 하였다. 이 학제는 총 4단계로 유아기, 아동기, 소년기, 청년기이며, 각각의 단계는 6년 단위로 묶어 0세부터 24세까지의 교육과정으로 제시되어 있다. 이러한 학제는 추후 근대적 학교제도인 6-3-3-4의 기본 골격이 되었다.

그리고 1658년 뉘른베르크에서 독일어와 라틴어로 150개 주제 각각에 대하여 삽화를 삽입하고 이에 대한 내용이 쓰인 『세계도회』를 출판하였다. 이후 1659년 첫 영어판 책이 출간되고, 1666년 라틴어, 독일어, 이탈리아어, 프랑스어 4개 국어본이 출간되었다. 이는 후에 다른 여러 유럽어로 번역되어 출간되었으며, 아동교육에 있어 큰 영향을 끼쳤다.

1644년 『어학입문 4개 국어판』
1장의 첫 페이지

1644년 출판된 라틴어, 독일어,
이탈리아어, 프랑스어 4개 국어판

『어학입문』 출간 후 2년 내에 발간된 어학
입문 예비단계 책인 『어학입문 초보』

암스테르담에서 출간된 대교수학의
정수를 담은 교육저술전집

세계 최초의 그림형 교과서, 근대 교육 시스템의 초석을 놓다

사회적 임팩트
Social Impact

코메니우스가 생각하고 실천으로 옮겼던 일들을 보게 되면, 먼저 『세계도회』
는 크게 세 가지의 의의를 가지고 있다.

첫째, 어린이를 위한 그림책이라는 것이다. 『세계도회』의 그림은 책을 읽는
모든 어린이에게 흥미를 주었고 내용의 이해를 돕는 삽화로서의 역할을 충분히
달성하였다.

둘째, 시각적 교과서라는 것이다. 『세계도회』는 초보적인 언어 교과서로서의
의의뿐만이 아니라, 감각주의와 사물주의의 교육 사상이 잘 접목된 형태로 나타
나 있다.

셋째, 범지학의 전체상을 표현한 저작이다. 자연과 인간과 신에 대한 모든 것
을 총괄한 통일적 · 보편적인 지식 체계를 정리하려고 한 이 사상을 범지학이라
부르는데, 순서가 없이 쓰인 것처럼 보이는 『세계도회』의 항목의 순서가 범지학
의 사상을 바탕으로 반복 표현되어 있다.

또한 그가 대교수학에서 제시했던 6년식의 4단계 학교 시스템은 훗날 독일
통일학교의 기본이 되었고, 미국의 민주교육제도인 단선형 학제의 원형이 되
었다.

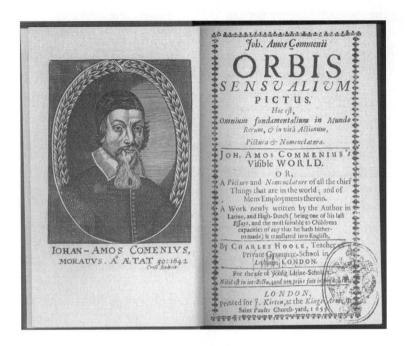

『세계도회(Orbis Sensualium Pictus)』

2. 메리 고든의 '공감의 뿌리'

학교폭력은 타인에 대한 공감 능력의 부재에서 시작된다. 캐나다의 사회적 기업가 메리 고든의 생각이다. 그녀는 학교 폭력의 문제는 가정에서 공감교육이 부족했다는 것에서 문제 원인을 찾았다. 고든은 Roots of Empathy(ROE, 공감의 뿌리)라는 사회적 기업을 설립하고, 공교육 시스템에 그녀가 만든 '공감의 뿌리' 프로그램을 도입한다. 아기의 성장 과정을 보고 경험함으로써 학생들은 보다 깊게 사고하고 이야기를 자유롭게 나눈다. 이를 통해 캐나다 내의 학교폭력 비율은 극적으로 줄어들었으며, 현재까지 전 세계 11개국에서 프로그램이 진행되고 있다.

공감적 문제발견
Empathetic Problem

공감능력의 부재가
학교폭력의 원인이다.

창의적 문제해결
Creativity

아기의 행동과
성장과정을 관찰하여
공감능력을 기른다.

구현
Invention

공교육시스템에
프로그램을
도입하다.

사회적 임팩트
Social Impact

학교폭력이 극적으로
감소하고 세계 11개국으로
프로그램이 퍼지다.

공감적 문제발견
Empathetic
Problem

🍃 공감능력의 부재가 학교폭력의 원인이다

메리 고든은 캐나다의 학교폭력과 따돌림에 대해 사회적 능력, 특히 공감(empathy)의 측면에서 이러한 문제가 발생한다고 생각했고, 그녀가 어린 시절 보고 듣고 느꼈던 경험과 교사로 살아오면서 경험했던 것들을 바탕으로 프로그램을 구성하였다. 특히, 고든은 아이들이 감정과 행동의 표현을 어른보다 솔직히 드러내는 모습을 통해 오히려 어른이 아이들로부터 타인을 받아들이는 능력을 배울 수 있다고 생각했다.

메리 고든

또한, 고든은 교육을 통해 평등한 세상을 만들 수 있다고 보았다. 그녀는 부모교육 프로그램이나 정규 수업 등을 통해 학생들에게 공평하게 교육을 제공할 수 있다는 점에서 공교육의 가치를 높게 평가하였다. 이 시스템에서는 평등이라는 가치로 누구에게나 동일한 교육과정을 제공한다. 따라서 아이들에게 사랑과 소속감의 욕구를 채워 줄 수 있는 교육 프로그램이 빈부격차, 사회계층에 상관없이 제공될 수 있을 것이라고 생각하는 것이다.

이러한 배경에서 메리 고든은 공감능력의 부재가 현재의 폭력이라는 사회문제를 일으킨다고 보았으며, 기존의 지식전달 중심의 교육과는 다른 형태의 보다 본위적인 교육 프로그램을 개발코자 하였다. 이러한 연유에서 그녀는 'ROE Enterprise'라는 사회적 기업을 설립하고 공감의 뿌리 프로그램을 개발하여 이를 실현하고 있다.

창의적 문제해결
Creativity

🍃 아기의 행동과 성장과정을 관찰하여 공감능력을 기른다

공감의 뿌리 프로그램에서는 이 프로그램에 참여하는 아이들이 아기와 엄마의 상호관계를 살펴보며 공감능력이 발달한다고 본다. 이러한 공감능력이 발달하는 데 있어서 아이들은 6가지의 관점을 통해 엄마와 아기가 상호소통하는 것을 관찰하고 질문하여 답을 얻음으로써 공감능력을 키워나갈 수 있다고 보고 있다. 즉, 아기가 보다 다양한 종류와 수준의 자극을 받을수록 뇌의 신경세포들이 확장됨으로 인해 공감능력이 향상된다는 신경과학 관점, 태어날 때부터 유전자와 같이 고유하게 가지게 되는 아기의 성격 등의 기질적 관점, 엄마와 아기가 상호관계를 통해 형성해 나가는 애착의 관점, 아기가 본능적이지만 부족한 것이나 만족하는 것에 대해 표현하는 감성능력의 관점, 숨김없이 진실된 모습을 보여줌으로써 이루어진다는 진정한 소통의 관점, 어떠한 기준에 의해 포용되거나 인정받지 않고 누구나 인간으로서 사회에 소속될 권리가 있으며 그렇게 되어야 한다는 사회적 포용의 관점이 ROE가 이야기하는 관점들이다.

또한, 공감의 뿌리(ROE) 프로그램은 그 가치를 공감(Empathy), 돌봄의 문화(Culture of Caring), 존중(Respect), 부모교육의 힘(Power of Parenting), 참여 민주주의(Participatory Democracy), 포용(Inclusion), 다양성(Diversity), 아동 안전(Infant Safety), 비폭력/반따돌림(Non-Violence/Anti-Bullying)에 두고 있다.

이러한 요소들을 바탕으로 공감의 뿌리 프로그램은 아이들의 공감능력 개발, 감정표현능력 개발 그리고 폭력, 공격성, 따돌림의 감소 및 아동의 준사회적 행동 촉진, 사회적인 인간개발과 학습, 그리고 유아안전에 대한 지식 증진과 촉진을 시도하고 있으며, 책임감 있는 시민과 부모가 되기 위한 준비를 그 목표로 하고 있다.

공교육 시스템에 프로그램을 도입하다

구현
Invention

학교와 유아, 유아의 부모를 주체로 한 교육과정을 개발하여 정규교과과정에 편성함으로써 특정 학생들이 아닌 공교육 시스템 안에 있는 학생들 누구든 감성적 능력 향상에 도움을 받도록 하고 있다. 공감의 뿌리 프로그램은 유치원부터 중학교 2학년까지 교육과정을 구성하고 있는데, 유치원 과정에서 보다 효과가 높은 것으로 알려져 있다. 아이들이 보다 어릴수록 더 많은 것을 순수하게 받아들이기 때문이다.

공감의 뿌리 수업은 각 학년마다 수업보조교사와 영아, 그리고 영아의 어머니가 함께 수업에 들어오게 된다. 학생들은 아기가 어떻게 행동하는지 지켜보고, 학생 상호 간의 의견을 나누는 수업을 가진다. 또한, 아기가 새로운 행동을 하거

나 새로운 자극에 대하여 반응하는 모습을 관찰하도록 하고, 이를 통해 타인의 감정을 느낄 수 있는 기회를 학생들이 가질 수 있도록 하고 있다

이러한 과정은 '아기와 부모 +훈련된 강사+교실과 학생들=공감'이라는 공식으로 표현될 수 있는데, 아기와 부모, 강사, 학생이라는 행위자들과 교실이라는 공간이 합쳐지면서 이들 간의 역동으로 학생들에게 공감이라는 능력을 배양하는 것이라 볼 수 있다.

사회적 임팩트
Social Impact

학교폭력이 극적으로 감소하고 세계 11개국으로 프로그램이 퍼지다

메리 고든은 "경험으로 배우는 것이라서 참여하는 사람들 모두의 만족도가 높다."고 말한다. 프로그램을 경험한 학생들은 도와주기, 받아들이기, 나누기 등의 친사회적 행동이 각각 78%, 74%, 71% 증가했다. 따돌림과 같은 공격적 행동은 39% 감소한 것을 볼 수 있으며, 학교 내부에서도 교사들의 경우 공감의 뿌리 교과과정을 들은 학생들을 선호하는 모습을 종종 볼 수 있다. 그 아이들로 인해 교실의 분위기가 더 활발해지는 등 좋은 영향력이 많기 때문이다.

이러한 공감의 뿌리 프로그램은 현재 캐나다, 미국, 뉴질랜드 등의 영미권뿐만 아니라 전 세계 11개국에서 진행되고 있다.

3. 캠퍼스 없는 대학 미네르바 스쿨

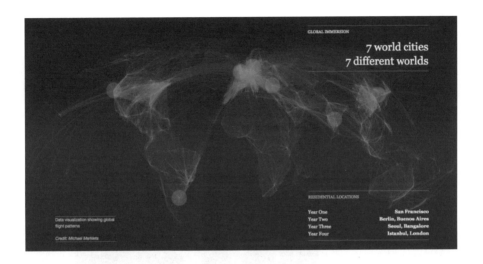

　　급격하게 변하는 사회의 요구에 필요한 교육을 제공하지 못하는 학교 시스템, 이것이 앞으로 이야기할 미네르바 스쿨이 생겨난 배경이다. 미네르바 스쿨의 교육은 고전적인 지식 전달식의 강의가 아닌 교수와 학생 간의 상호관계에 집중한다. 기술 발전의 힘으로 물리적인 강의실이 아닌 세계 7개 도시에 퍼져 있는 장소에서 학생들은 IT기기와 소프트웨어를 활용한 사이버 강의를 통하여 스스로 학습한다. 미국 내의 학생 평가에서 미네르바 스쿨의 학생들이 상위 10%에 위치해 있으며, 1년의 교육과정이 지난 후 성적은 더욱 향상된 것으로 나타났다. 또한 한국 정부는 미네르바 스쿨과 협력하여 새로운 형태의 교육 시스템을 구축하려는 움직임을 보이고 있다.

공감적 문제발견
Empathetic Problem

지금의 학교 시스템은
'지금'을 반영하지 못한다.

창의적 문제해결
Creativity

학습은 상호작용에
의해 일어난다.

구현
Invention

전 세계 7개 도시에
캠퍼스를 두다.

사회적 임팩트
Social Impact

새로운 교육 시스템의
모델로 주목받다.

공감적 문제발견
Empathetic
Problem

🌱 현재의 학교 시스템은 '지금'을 반영하지 못한다

"기존 고등교육 시스템이 다른 분야에 비해 너무 더디게 발전하고 있습니다. 왜 제가 고등교육의 새로운 콘셉트를 위해서 하버드, 스탠포드 같은 엘리트 대학을 떠난 것일까요? 답은 간단합니다. 저는 그저 무엇인가를 더 낫게 만드는 것에 일조하는 것을 원했습니다."

미국에서는 이미 교육이 빈부격차를 줄여 주기보다 오히려 빈부격차의 정도를 심화시키고 있는 것으로 보고 있다. 10만 달러의 학자금대출을 받고 석사학위를 가지고 있음에도 그에 합당한 정규직업을 가지지 못하는 사람의 수가 증가하고 있으며, 농업과 같은 1차 산업은 향후 그 수익률이 50% 이하로 떨어질 것이라는 예측이 속속 발표되고 있다. 이름 난 아이비리그의 로스쿨이나 비즈니스스쿨을 졸업한 학생들도 일자리 찾기에 전전긍긍하고 있다는 뉴스는 심심치 않게 들린다.

자본주의의 위기와 더불어, 사회의 고도화로 사회문제는 더욱 복잡해지고 있으며, 지금의 대학교육은 1900년대에 받던 강의 중심의 수업을 탈피하지 못하고 있다. 이러한 가운데 오늘날 MOOC, OCW로 대표되는 온라인 캠퍼스와 비슷한 형태의 대학이 설립되었다. 그러나 그 내면을 들여다보면 전혀 다른 것을 발견할 수 있다.

미래에는 복잡하게 얽힌 문제가 많다. 이러한 문제를 해결하는 데는 보다 우수한 리더, 똑똑한 혁신가와 세계시민적 사고를 가진 인재가 요구되며, 이러한 인재들의 역량에 미래가 좌우된다. 죽은 지식이 아니라 살아있는 지식을 가르치고 배우도록 한다.

창의적 문제해결
Creativity

🚲 학습은 상호작용에 의해 일어난다

"대학 교육은 학생들에게 불확실하고 급변하는 미래를 살아갈 수 있는 힘을 줘야 합니다. 정보나 지식은 언제든 배울 수 있어요. 배워야 할 지식들은 시대 마다 계속 바뀌고요. 대학 교육은 학생들에게 생각하는 법, 계속 무언가에 적응 하는 법을 가르쳐야 한다고 생각해요. 한 가지를 통달하는 것보다 보다 넓게 볼 수 있는 힘을 길러 주고, 꼭 리더나 혁신가가 되지 않아도 리더십이 무엇인지 혁 신이 무엇인지 이해하게 만들어야 한다고 생각합니다."

미네르바 스쿨은 관습적이지 않고, 인간적이며, 자신감 넘치고, 사려 깊으며, 선택에 있어 매우 선별적이고, 진정성 있으며, 자기 주도적인 인재를 육성하는 데 미션을 가지고 있다. 이러한 미션을 달성하는데 있어 미네르바 스쿨은 리더, 혁신가, 시야가 넓은 사유가, 그리고 세계시민을 인재상으로 두고 커리큘럼을 구성하여 교육을 제공하고 있다. 이러한 인재들이 가져야 할 핵심역량으로는 비판적 사고, 창의적 사고, 효과적인 의사소통능력, 그리고 효과적인 상호작용 능력이 대표적이다.

이를 위해 미네르바 스쿨은 교수와 학생 간의 상호관계에 집중하였다. 교수 를 강의자가 아니라 퍼실리테이터(facilitator), 즉 학습의 촉진자로 보며, 학생들 이 이러한 교수적 촉진에 의해 보다 능동적이고 자발적으로 학습에 참여하게 되 었을 때 진정으로 학습이 이루어진다고 본다.

구현
Invention

전 세계 7개 도시에 캠퍼스를 두다

"'강의'는 가르치는 입장에서는 아주 효율적인 방법입니다. 하지만 배우는 사람 입장에서는 최악이에요. 미네르바에는 강의가 없어요. 이런 교육과정에서 교수의 역할은 촉진자(facilitator)예요. 학생들이 수업에 능동적으로 참여하고, 문제의 다양한 관점을 인지할 수 있도록 유도합니다."

미네르바 스쿨은 여타의 다른 대학과는 달리 스타트업처럼 투자를 받아 개교했다. 설립 초기에는 벤치마크 캐피탈로부터 2,500만 달러(약 290억 원)를 투자받았는데, 벤치마크 캐피탈은 드롭박스, 트위터, 스냅챗 등에 투자한 벤처캐피털 업체들이다. 2014년에는 TAL에듀케이션그룹, 젠펀드, 용진그룹 등으로부터 7천만 달러(약 835억 원)를 투자받았다. 또, 미네르바 스쿨 최고경영자(CEO) 벤 넬슨은 HP에 인수된 스냅피시라는 IT 기업을 설립한 벤처기업가이기도 하다.

미네르바 스쿨은 전 세계 7개 도시에 위치한 캠퍼스가 있다. 이러한 캠퍼스는 수업을 위한 강의실이 있는 곳이 아닌 기숙사가 위치한 곳들인데, 학생들은 각 도시 중심지에 위치한 기숙사에서 함께 생활하며 미네르바 스쿨에서 공부한다. 미네르바 스쿨은 학교 자체의 박물관, 운동장, 매점이 없다. 그 대신 그 지역의 박물관, 운동장, 슈퍼마켓이나 시장을 이용하여 직접 그 도시의 주민이 되고, 여기서 배운 문화와 경험을 토대로 다른 도시로 가서 이전에 머물렀던 도시에서 배운 것을 새로운 도시에 적용할 수 있도록 경험을 한다.

물리적 강의실이 없지만 온라인의 가상공간을 통해 화상채팅으로 액티브러닝 형식의 학습이 이루어진다. 학생들은 그룹 활동을 함으로써 어떠한 결과물을 만들거나, 퀴즈, 투표, 시뮬레이션을 활용하여 On-demand로 배운 내용을 활용할 수 있으며, 집단 문서작업을 통해 과제물을 만들 수 있고, 소수 그룹으로 수업이 진행되어 1대1 피드백을 받을 수 있다.

교수들은 강의자들이 아닌 촉진자들이다. 교수 채용에 있어서도 그 교수가 얼마나 그 분야를 잘 아는지에 대한 실적보다는 학생들을 얼마나 생각하는지가 채용의 기준이 된다.

사회적 임팩트
Social Impact

🏫 새로운 교육 시스템의 모델로 주목받다

미네르바 스쿨은 2019년부터 졸업생을 배출하기 시작하였고, 졸업생 배출 첫해에 대하여 내·외부적으로 기존 하버드, 예일 대학교와 같은 아이비리그 소속의 대학보다 나은 결과를 나타낸 것으로 평가받고 있다.

물리적 교실이 아닌 '포럼'이라는 미네르바 스쿨의 고유한 교육 플랫폼을 통하여 가상공간의 교실에서 세계 각지의 캠퍼스에서 생활하는 학생들이 모여 세미나 형태로 수업이 진행된다.

이와 함께 미네르바 스쿨은 학제 간 장벽을 허문 교육과정, 학생의 자기주도적 학습 참여 그리고 과제와 피드백을 통한 학생 평가가 3대 교육의 축으로 알려져 있으며, 오늘날에 있어 새로운 혁신형 대학 모델로 주목받고 있다.

13 국방 앙트러프러너십 사례

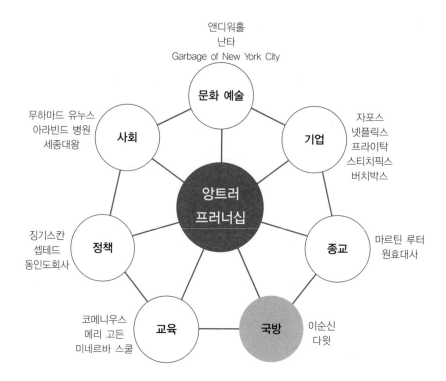

앤디워홀
난타
Garbage of New York City

문화 예술

무하마드 유누스
아라빈드 병원
세종대왕

사회

기업

자포스
넷플릭스
프라이탁
스티치픽스
버치박스

앙트러
프러너십

징기스칸
셉테드
동인도회사

정책

종교

마르틴 루터
원효대사

코메니우스
메리 고든
미네르바 스쿨

교육

국방

이순신
다윗

1. 명량대첩의 영웅 '이순신'

임진왜란의 진정한 영웅, 이순신 장군, 이러한 그를 있게 한 것은 직면한 문제상황에서 보여 준 앙트러프러너십의 발휘였다.

공감적 문제발견
Empathetic Problem

12척의 전함만으로
어떻게 이길 것인가?

창의적 문제해결
Creativity

적은 수의 전함으로
이길 수 있는 방법은
무엇인가?

구현
Invention

세계 해전사에 길이 남을
명량해전의 큰 승리

사회적 임팩트
Social Impact

제해권을 확보하여
나라를 지키는 큰
역할을 하였다.

공감적 문제발견
Empathetic
Problem

🐟 수군의 전함이 단 12척만 남아 있는 상황에서 일본 수군의 함대와 싸워 어떻게 이길 것인가

칠천량 해전의 패배로 인해 조선 수군에게는 고작 12척의 함선밖에 남지 않았다. 200척에 이르던 함선이 칠천량 해전에서 거의 다 침몰하였다. 칠천량 해전의 패배는 함선 수의 감소뿐만 아니라 살아남은 수군들의 마음에 깊은 각인으로 남아 있어 전투력을 상실케 하기에 충분했다. 이런 상황에서 다시 해전에 나선다는 것은 무모한 일로 여겨질 수밖에 없다. 칠천량 해전의 패배를 보고받은 선조조차 이순신 장군을 삼도수군통제사의 자리에 복귀시키면서 해전을 포기하고 육전에 합류하도록 명을 내릴 정도였다. 이런 명령 앞에 이순신 장군은 아직 12척의 전함이 있음을 말하며 해전의 중요성을 다시 아뢰었다.

창의적 문제해결
Creativity

🐟 적은 수의 전함으로 해전에서 이길 수 있는 방법은 무엇인가

칠천량 해전으로 전력이 크게 상실된 가운데 도원수 권율은 백의종군 중인 이순신 장군에게 대책을 물었다. 이에 깊은 숙고 후에 나온 이순신 장군의 답은 '직접 연해안 지방을 돌아보면서 보고, 듣고, 조사한 후에 대책을 강구하겠다'는 것이었다. 문제를 마주한 상황에서 그 문제의 내용을 정확하게 파악하는 것은 기본이다.

이순신 장군은 백의종군의 신분이지만 그를 따르는 군관을 이끌고 연해지역을 돌아보며 상황을 파악하고자 노력한다.

최악 조건에서의 최대 효과 전략

> **今臣戰船 尚有十二**
> (지금 신에게는 아직도 전선 12척이 있사옵니다)
>
> 칠천량 해전에서 남은 12척과 1척을 합한 13척으로 100척이 넘는 적의 전함을 넓은 바다에서 상대하는 것은 매우 무모한 일이다. 이런 상황에서 명량의 좁은 목을 막아 적을 작은 단위로 맞이해 전투를 하는 것은 최악의 조건에서 최대의 효과를 거두는 방법이 된다. 즉, 수적으로 우세한 적의 장점을 제대로 살리기 힘들게 만들 수 있는 것이 좁은 울돌목에서 해전을 하는 것이다.

위기 상황에서의 정신력 발휘

> **必死則生 必生則死**
>
> (죽고자 하면 살고, 살고자 하면 죽는다)
>
> 절대적인 수적 열세 속에서 해전을 치러야 하는 부하 장수들에게 이순신 장군이 한 말이다. 아무리 불리한 상황에서라도 지혜로운 전략과 함께 결연한 의지로 싸우는 것은 승리를 위한 필수 요소이다. 단 13척의 전함으로 100여 척의 적 전함을 상대하는 것은 강한 정신무장 없이는 그 태세를 갖추기조차 어렵다.

세계 해전사(海戰史)에 길이 남을 명량해전의 큰 승리

전무후무한 전과를 남긴 명량해전은 이순신 장군의 지혜가 구현된 결과였다.

구현
Invention

자연 조건을 이용한 전술, 전략

우리 수군은 남해안 곳곳의 지형과 지리를 철저히 파악하고 기후, 조수간만의 변화 등과 관련된 정보에 있어서도 일본 수군에 비하여 절대적 우위를 가지고 있었다. 전함의 수가 절대적으로 열세인 상황에서 그 악조건을 조금이라도 상쇄할 수 있는 방법은 보다 적은 수의 상대와 대면하는 것이었다. 그러기 위해서 울돌목의 좁은 물길을 활용하였다. 또한 전투의 진행과정에서 조수 흐름의 변화를 이용함으로써 아군에 보다 유리한 상황에서 전투를 할 수 있었다.

자연 조건에 대한 정보를 이용하여 창조적 전술과 전략을 적용함으로써 절대적 열세인 상황에서도 혁혁한 성과를 거둘 수 있었다.

새로운 시대에 걸맞는 리더십

이순신 장군은 밤낮으로 여러 장수들과 전쟁에 대한 일을 의논하고, 지위가 낮은 군졸의 의견일지라도 듣고 반영하려는 자세를 가지고 있었다. 또 전투를 할 때마다 부하 장수들을 모두 불러서 계책을 묻고 전략을 세운 뒤 나아가서 싸우는 등 소통의 리더십을 보여 주었다.

결전의 의지

이순신 장군이 지닌 리더십의 바탕에서 '必死則生 必生則死(죽고자 하면 살고, 살고자 하면 죽는다)'의 결연한 의지가 구현된 것이 바로 명량해전이다. 전략, 전술이 아무리 좋다 하더라도 전투에 임하는 병사의 마음가짐이 올곧지 못하다면 그 가치를 충분히 발휘하지 못할 것이다. 온 마음을 모아 결연한 의지로 전장에 임할 때에 모든 상황적 요소의 장점들이 부각되어 서로 상승 작용을 한다.

사회적 임팩트
Social Impact

제해권을 지킨 것이 조선의 운명을 지킨 것

명량해전의 파급력은 대단한 것이었다. 일본 수군은 이순신 장군과의 해전에서 번번이 패했으므로 사실상 이순신 장군 지휘하의 조선 수군과 교전하는 것을 피하는 입장이었다. 그러나 칠천량 해전의 대성공은 남해안에 대한 제해권을 일본 수군이 가질 수 있도록 해 주었고 특히, 이순신 장군이 복귀했다 할지라도 함선이 얼마 남지 않았기에 일본 수군은 자신감에 차 있었다. 이런 상황에서 명량해전의 결과는 일본의 자존심을 무너뜨림은 물론, 남해안에 대한 제해권을 되찾아 옴으로써 전쟁으로 인한 나라 전체의 함락 위기를 넘길 수 있게 하였다.

좀 더 넓은 의미에서 볼 때 명량해전과 이순신 장군은 우리나라 역사에서뿐만이 아니라 세계 해전사에도 길이 남을 큰 의미를 가지고 있다.

일본의 침략에 맞서 조선을 지키고, 일본의 대륙 침략까지 방어함

임진왜란을 일으킨 일본의 궁극적인 목적은 대륙침략이었다. 또, 당시 명나라는 자신들의 연안에 왜구가 자주 출몰하는 것에 몹시 시달렸으며 두려워하였다. 이순신 장군의 활약으로 해상이 방어됨으로써 조선도 일본에 완전한 함락을 당하지 않았을 뿐 아니라 명나라의 입장에서도 믿을 만한 방어막이 되어 주었다. 이순신 장군의 활약은 임진왜란을 종식시키는 데 큰 역할을 하였다.

위기 극복의 모범

이순신 장군을 전라좌수사로 발탁했던 류성룡은 자신의 책『징비록』에서 이순신 장군을 '군신(軍神)'이라고 평가하였다. 미 해군 역사가 조지 해거만(George

Hagaman)은 '일본의 대륙침략을 300년 동안 멈추게 한 인물'이라고 하였으며 UCLA 마크 길버트 교수는 '히데요시의 범 아시아 야망을 좌절시킨 인물'이라고 평가했다. 이순신 장군은 단순히 우리의 역사를 바꾼 인물이 아니라 세계사의 흐름을 바꾼 중요한 인물이며 혁신가이다.

2. 전투 패러다임의 전환자 '다윗'

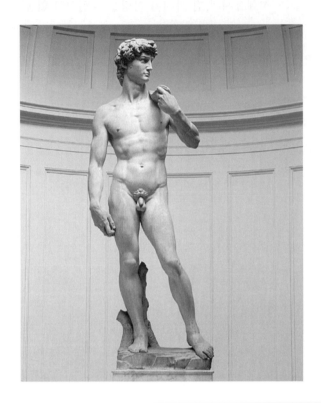

너무나 잘 아는 것에서는 오히려 그 특징을 알아차리기가 어려운 법, 골리앗 앞에 선 다윗의 대결 방식이 당시 전투 방식의 패러다임을 바꿀 수 있는 것이었음은 놀라운 일이다.

공감적 문제발견
Empathetic Problem

어떻게 하면 거인 골리앗을 이길 수 있을 것인가?

창의적 문제해결
Creativity

맞붙어 싸우는 것과는 다른 새로운 방식이 필요하다.

구현
Invention

원격 전투방식이 답이다.

사회적 임팩트
Social Impact

전투방식의 새로운 창출

🍃 **거인과 같은 골리앗과 맞붙어 싸워 이긴다는 것은 불가능하다. 어떻게 하면 저 거인 골리앗을 이길 수 있을 것인가**

공감적 문제발견
Empathetic problem

다윗은 적장 골리앗과의 일대일 싸움에서 객관적인 조건을 두고 볼 때는 이길 수 없는 상황이었다. 동일한 조건으로 승리를 확보할 수 없다면 차별화된 전략과 무기가 필요하다. 상대의 약점을 파악하고 자신에게 유리한 자신만의 방식으로 전투를 준비할 필요가 있다.

🍃 **맞붙어 싸우는 것과는 다른 새로운 방식이 필요하다**

창의적 문제해결
Creativity

성경에 나오는 다윗과 골리앗의 싸움에서 각자의 조건은 너무나 달랐다. 골리앗은 키가 크고 체격이 장대한 전문 군인이었던 반면, 다윗은 체격이 왜소하고 아직은 10대 초반의 어린 양치기 소년에 불과하였다. 골리앗은 군인으로서 싸움에 필요한 군장을 착용하고 전투용 무기를 갖춘 반면, 다윗은 상대적으로 너무나 작은 체구로 인해 군장을 착용하기도 힘들었을 뿐더러 자신에게 익숙하지 않았던 무기를 사용하려고도 하지 않았다.

골리앗이 가진 싸움에 대한 태세는 일반적인 전투의 시각에 의한 것이었지만 다윗의 접근방식은 전혀 새로운 것이었다. 전투에 대한 고정적 시각에서 탈피하여 자신의 상황과 여건에 맞는 방식을 취해 문제상황에 직면하고자 한 것이다.

🍃 **원격 전투 방식이 답이다**

구현
Invention

골리앗의 싸움에 대한 접근방식을 살펴보면 근접전투의 상황에 한정하여 볼 때, 장대한 체구와 크고 튼튼한 창과 칼, 방패를 갖춘 것이 매우 우월해 보인다. 이에 비하여 다윗은 왜소한 체구라는 열세적 조건에도 불구하고 단순하지만 원거리 타격을 가할 수 있는 물매(sling shot)를 무기로 삼았다.

기존의 패러다임에 비추어 볼 때 골리앗의 전투 여건은 매우 훌륭한 것이었다. 반면 기존 시각에서 볼 때 다윗의 여건은 현저하게 볼품없는 것이었음에도 불구하고 싸움의 작동방식은 전혀 새로운 것이었다.

근접방식의 차원을 넘어선 전투방식은 완전히 새로운 구현방식이었으며 종래의 방식은 이 새로운 방식의 상대가 될 수 없었다. 싸움 방식상의 패러다임이 바뀐 원거리 공격이었다. 결과적으로 단 일격에 그 장대한 골리앗은 목숨을 잃었으며 왜소한 양치기 소년이었던 다윗에게 목을 베이고 말았다.

사회적 임팩트
Social Impact

🐦 전투방식의 새로운 창출

왜소한 양치기 소년이 이스라엘군을 공포에 몰아넣었던 장수 골리앗을 일격에 패배시켰다는 것은 엄청난 사기 앙양 효과를 가져왔다. 그리하여 전세는 역전되고 결국 이스라엘군의 승리로 끝나게 되었다.

이와 더불어 다윗의 방식은 전투의 새로운 패러다임으로서 기존 전투방식을 바꿀 수 있는 것이었다. 물론 갑옷을 입고 창과 칼, 방패를 지닌 채 전투를 했던 군사들이 일시에 물매를 들고 싸웠을리는 없었겠지만 근접전투와 비근접전투의 비교를 목도한 상황에서 새로운 무기 출현의 가능성을 충분히 추측해 볼 수 있다.

물론 유일하게 성경의 기록에 의해서만 알 수 있는 다윗과 골리앗의 싸움은 그 이후 군사학적으로 어떤 영향을 미쳤는지 기록에 의한 증거를 찾을 수는 없다. 하지만 너무나 유명한 일화인 까닭에 유사한 사회적 상황을 일컬어 '다윗과 골리앗의 싸움'이라는 은유적 표현을 붙이는 것은 매우 자연스러운 일로 여겨진다. 그만큼 이 일화는 사실 여부를 떠나서, 새로운 아이디어의 창출과 구현, 그에 따른 사회적 변혁으로 이어진 것을 볼 때, 군사적 영역에서의 앙트러프러너십 구현 사례로 보기에 부족함이 없다.

14 종교 앙트러프러너십 사례

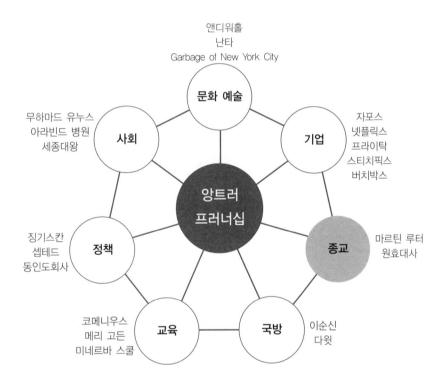

1. 전 유럽에 종교개혁 불씨를 지핀 성직자 '마르틴 루터'

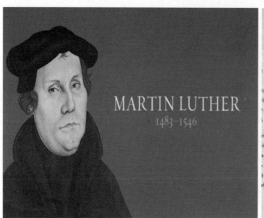

유럽의 중세를 다른 말로 종교의 시대라고도 한다. 만약 종교가 권력자의 권력수단으로 전락하고 부패한다면 어떻게 될까? 당시 최고 권력자인 종교지도자들의 결정에는 그 누구도 이의를 제기하지 못했다. 그러한 때에 용감하게 종교개혁을 외친 마르틴 루터라는 사람이 있었다. 그는 종교지도자들의 거짓 가르침에 대해 반박하고 독일어로 성경을 번역하여 성경번역본을 널리 보급한다. 이는 결국 신 중심의 중세에서 근세로 넘어가는 중추적 역할을 하였고 개신교의 탄생에 영향을 주었다.

공감적 문제발견
Empathetic Problem

왜 성경은 소수의 성직자만 읽을 수 있는가?

창의적 문제해결
Creativity

구원은 믿음에서 오며 성경은 모든 사람을 위한 책이다.

구현
Invention

독일어 성경 제작과 보급

사회적 임팩트
Social Impact

종교개혁의 불씨와 독일문학에 영향을 끼치다.

왜 성경은 소수의 성직자만 읽을 수 있는가

공감적 문제발견
Empathetic
problem

마르틴 루터는 독일과 전 유럽에 종교개혁의 불씨를 지핀 신학자이다. 당시 강력한 가톨릭 교구의 권세와 위엄에 도전하며, 참 신앙의 본질과 정의를 추구했던 루터의 삶을 통해 그의 혁신적인 사고와 행동이 오늘날 우리에게 어떤 귀감이 되는지를 알아보고자 한다.

종교의 부패와 세속화로 고통받는 사람들에 대한 공감

1515년 중세 유럽은 가톨릭교 중심의 세상이었다. 교회는 교황청 도장이 찍힌 면죄부를 판매하며, 성 베드로 성당 건축비를 마련했다. 당시 작센 지역 비텐베르크 대학의 신학교수이면서 수도사제로도 활동하고 있던 루터는 지역 사람들과 사제들까지 면죄부를 사러 다니는 모습을 보았다. 사람들은 사채까지 쓰며, 자신의 전 재산을 다 바쳐 면죄부를 사려고 했다. 로마 교회 성직자들의 축재와 성적 문란, 수도원 타락, 성직 매매, 그로 인해 양산되는 수준 이하의 성직자, 면죄부 판매와 교회, 수도원의 비합리적이고 부정기적인 약탈적 과세가 횡행하게 된 것이다.

'라틴어 성경'으로 성경을 읽을 수 없었던 사람들에 대한 공감

당시 성경은 라틴어로 기록되어 있어서 라틴어를 읽을 수 있는 사제와 귀족들의 전유물이었다. 일반 신도들은 성경을 읽을 수 없었기 때문에 부패한 교황과 사제들의 사기와 속임수에도 속수무책으로 당할 수밖에 없었다. 라틴어를 몰라 억울하게 당하는 사람들의 고통에 공감하여 루터는 성경을 모국어로 번역하게 된 것이었다.

구원은 믿음에서 오며 성경은 모든 사람을 위한 책이다

창의적 문제해결
Creativity

당시 종교인들은 성경은 아무나 읽으면 안 된다고 생각했다. 무지한 사람들이 마음대로 성경을 오독할 수 있으므로 오직 사제의 가르침에 따라 설교를 통해 성경을 이해할 수 있게 하여야 한다는 것이었다. 그에 따라 사제와 종교지도자들은 절대적인 권력과 기득권을 가지고 사람들의 일상과 신앙생활을 통제했다.

하지만 마르틴 루터는 부패한 가톨릭 교구와 사제들을 보면서, 오직 진리는 성경으로 돌아가는 것에서 비롯된다고 하였고, 모든 사람에게 성경을 읽고 깨달을 권리가 있다고 주장하였다. 이것은 당시 종교인들에게는 혁신적인 사고였다.

면죄부를 불태우는 루터

구원은 행위가 아닌 믿음에서 온다

당시 가톨릭 교구는 '행위'를 통한 구원을 강조했다. 실제 당시 로마 바티칸 교황청 대성당의 '본디오 빌라도의 계단'에서 주기도문을 외우며 무릎 꿇은 채로 기어오르면 진리를 깨닫게 되고 죄 사함을 받을 수 있다는 관습이 성행하고 있었다. 루터는 성인의 유골을 사면 조상들의 죄가 사해진다는 물욕으로 왜곡된 구원론을 합리화하던 부패한 종교지도자들에 일침을 가했다. 또한 신약성경 로마서의 1장 17절, "복음에는 하나님의 의가 나타나서 믿음으로 믿음에 이르게 하나니 기록된바 오직 의인은 믿음으로 말미암아 살리라 함과 같으니라."는 구절로 그들의 가르침이 잘못되었음을 지적하면서 행위가 아닌 믿음으로 말미암아 사람이 의롭게 될 수 있음을 주장하였다. 이것은 신앙의 본질이 형식과 제도가 아니라 말씀과 믿음에 있다는 주장으로, 부패한 당시 종교지도자들에 대해 커다란 각성을 촉구하는 시발점이 되었다.

구현
Invention

독일어 성경 제작과 보급

루터는 성탄절을 며칠 앞둔 1521년 12월 21일, 신약성경을 독일어로 번역하기로 결단하였다. 그는 성경 번역에 착수한 지 11주 만에 220쪽에 달하는 신약성경을 모두 번역했으며, 1522년 3월 번역한 성경 원고를 몸에 지닌 채 바르트

부르크를 떠났다. 그 후 몇 달 동안 수정 작업을 거쳐 1522년 9월, 3천 부의 신약 성경을 인쇄했으나 금방 모두 판매되었으며, 엄청난 수요 때문에 3개월 후 다시 인쇄에 들어가야 할 정도로 루터의 성경 번역본은 큰 호응을 얻었다. 1522년부터 1546년까지 비텐베르크에서만 신·구약 성경 합본이 10판 인쇄되었으며, 신약 성경만은 따로 80판이 인쇄되었다. 같은 기간에 독일 전역에서는 260판의 성경이 인쇄되었으며, 1712년부터 1883년까지 할레(Halle) 지역에 있는 성경 인쇄소에서만 거의 580만 부의 성경이 인쇄되었다. 수치상으로만 본다면 독일의 거의 모든 계층에서 성경을 읽게 된 것이다.

로마 교구에서 심문받는 루터

95개조 반박문을 통한 종교개혁의 불씨 마련

루터의 저작들 중에서 개혁사상이 가장 잘 나타난 저작은 그의 입장이 잘 드러난 95개조 반박문이다. 그의 개혁사상은 이 95개조 반박문에 잘 나타난다고 할 수 있다. 이 95개조 반박문은 당시 로마 가톨릭과는 분명히 다른 사상을 담고 있었기에 큰 파장을 일으켰다. 마르틴 루터의 95개조 반박문은 타락하고 암울했던 중세 교회에 커다란 파문을 일으킴과 동시에 독일에 팽배해 있던 종교개혁의 요구를 현실화함으로써 종교개혁의 발단이 되었다.

사회적 임팩트
Social Impact

🌱 종교개혁의 불씨를 지피고 독일문학에 영향을 끼치다

　루터의 종교개혁은 결과적으로 당시 문화의 모든 영역에 영향을 끼쳤고, 인류의 역사가 중세기에서 근세기로 넘어가는 데 결정적인 역할을 했다. '믿음으로 말미암는 칭의'라는 종교개혁의 원칙을 세우고 여기에 기초하여 개혁사상을 형성함으로써 로마 가톨릭 교회의 사상, 제도, 가르침을 향하여 개혁의 횃불을 든 것이다.

　19세기 비평가 토머스 칼라일은 마르틴 루터가 없었더라면 프로테스탄트가 없었을 뿐만 아니라 독일의 분열도, 프랑스 혁명도, 미국의 독립도 없었다는 주장을 하기도 했다.

독일어와 독일문학에 미친 영향

> "루터의 독일어는 그 순수함과 엄청난 영향력으로 현대 독일어의 기초를 제공했다."
>
> 　　　　　　　　　　　　　　　　　– 야코프 그림(Jakob Grimm), 독일의 언어학자
>
> "그 어떤 것도 마르틴 루터의 위대함에 반대 할 수 없다! 그는 성서 번역이라는 엄청난 작업을 통해 처음으로 독일어를 제대로 만들었다. 이 언어를 괴테와 니체가 완성했다."
>
> 　　　　　　　　　　　　　　　– 토마스 만(Thomas Mann), 1929년 노벨문학상 수상자

　루터의 독일어 성경 번역본 이후 루터의 생존 시기 동안에 열 다섯 가지의 독일어 성경 번역본이 나왔지만, 루터의 성경 번역본이 문학적으로 그 가치를 높이 평가받고 있다. 루터의 번역본은 단순히 단어별로 번역하는 데 그치지 않고 당시 사람들이 쓰는 말, 의미가 정확한 말을 사용하기 위해 애쓴 것이라는 데 큰 의미가 있다. 당시 지배·피지배층, 남녀노소 등 다양한 세대가 성경을 이해할 수 있게 번역하고자 한 것이었다. 이로 인해 루터의 성경 번역본은 독일어의 통일에도 기여했다. 당시 독일은 영국 런던이나 프랑스 파리와는 달리 지방 분권적 제후국이었던 탓에 정치·경제·문화의 중심지가 없었고, 독일 전역을 아우르는 집권자나 집권 세력도 없었다. 루터가 쓴 성경 번역본의 출현으로 독일인

들은 통일된 언어로 소통하게 되면서 비로소 연대 의식을 가지게 되었고, 이는 현대 독일어를 형성하는 언어적 계기가 된 것이다. 또한 독일 문학과 공연 예술의 형식적 재건에도 도움이 되었다.

2. 모든 사람을 위한, 모든 사람을 향한 불교 전파자 '원효대사'

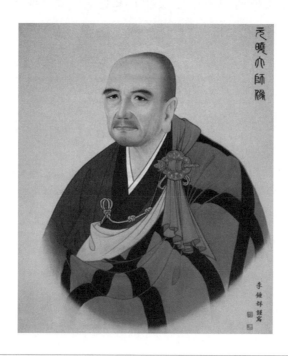

진리는 단순한 곳에 있다는 말이 있다. 진리가 모든 사람을 위한 것이라면 그것은 단순하고도 명료해야 한다. 삼국시대의 원효대사는 모든 이를 위한 종교를 가치로 내세우며 단순한 가르침과 깨달음으로 불교를 대중에 전파한 승려이다. 누구나 부처가 될 수 있다는 생각으로 어떠한 종교적 틀과 형식에도 매이지 않고 화합과 깨달음의 본질을 추구하며 백성들의 삶에 들어가 직접 행동하고 진리를 일깨우게 한 원효는 앙트러프러너이다.

공감적 문제발견
Empathetic Problem

왜 깨달음은 경전을 통해
어렵게 도달하는가.

창의적 문제해결
Creativity

깨달음은 일상에서
쉽게 얻을 수 있다.

구현
Invention

화쟁사상을 통한
종교적 화해 시도

사회적 임팩트
Social Impact

불교이론을 집대성하고
대중화하다.

🫁 왜 깨달음은 경전을 통해 어렵게 도달하는가

공감적 문제발견
Empathetic problem

원효는 삼국시대와 통일 신라의 고승이자 철학자, 작가, 시인, 정치인이다. 당시 삼국시대에는 전쟁으로 많은 백성들의 삶이 피폐했고 절망에 가득 차 있었다. 하지만 종교적 구원으로서의 불교는 그 가르침이 어렵고 경전 또한 글을 모르는 일반 서민들은 읽을 수 없어 종교적 구원의 길을 찾지 못하고 있었다.

원효는 깨달음이란 본디 마음에서 우러나오는 것이고 집착하지 않는 삶의 태도에서 나온다는 것을 설파하며, 무지한 백성들에게 일상에서 누구든지 할 수 있는 노래와 어구로 깨달음을 일깨우는 포교활동을 하였다.

인간에게는 불성이 있으며 누구나 깨달음을 통해 부처가 될 수 있다는 생각은 당시 철저한 계급사회에서는 파괴적일만큼 혁신적이었다. 또한 깊은 지식과 성찰이 없이 간단한 노래만으로도 진리에 대한 깨달음을 얻을 수 있다는 것은 종교계에서조차 받아들이기 힘든 사상이었다. 하지만 원효는 신앙이란 모두에게 모두의 방식으로 다가갈 수 있어야 함을 강조했다.

🚲 깨달음은 일상에서 쉽게 얻을 수 있다

창의적 문제해결
Creativity

누구도 감히 자기가 신이라는 말을 쉽게 하지 못한다. 하지만 우리 안에 신의 모습이 있고 그것이 우리 일상의 깨달음으로 완성될 수 있다는 것은 놀라운 일이다.

원효는 가끔 미친 사람처럼 행동하거나 여러 사람과 어울려 술집이나 기생집에도 드나들었고, 혹은 쇠칼과 쇠망치를 가지고 다니며 돌에 글을 새기기도 하고, 가야금과 악기를 들고 사당에 가서 음악을 즐기기도 하는 등 세상에 거리낌 없는 자유로운 삶을 살았다. 이러한 삶을 살면서 모든 집착에서 벗어나려 했다. 그럼으로써 백성들 속으로 깊이 들어가 백성들과 함께하려고 했다.

누구나 부를 수 있는 노래로 깨달음을 얻다

노래는 리듬감이 있다. 그래서 혼자 불러도 좋고 함께 불러도 좋은 하나의 놀이이자 유희이다. 이것이 구원과 깨달음의 도구가 될 수 있다는 것은 일상의 혁명이다.

원효는 '무애'란 이름의 도구를 만들고, 〈무애가〉를 만들어 퍼뜨렸다. 그는 〈무애가〉에 무애춤도 곁들여 추며, 가난하고 못 배운 이들에게 포교활동을 하였다. 무지한 이들도 '나무아미타불(부처님께 귀의한다)'이라는 구절만 외면 죽어서 극락정토에 갈 수 있다는 원효의 포교로, 많은 이들이 나무아미타불을 외기 시작했다. 원효의 포교활동은 계속되는 삼국전쟁에 지쳐 있던 일반 민중에게 희망과 위안을 주었다.

그는 '나무아미타불'만 외면 누구나 극락에서 새로 태어날 수 있다고 설교하며 불교를 일반 백성들에게까지 확산시켜 나갔다. 그래서 오두막집의 더벅머리 아이들까지도 모두 부처의 이름을 알고, 나무아미타불 같은 염불 한마디는 할 줄 알게 되었다.

구현
Invention

🚲 화쟁사상을 통한 종교적 화해 시도

원효는 저술에도 전념해 150권이 넘는 책을 지었다. '화쟁사상'을 주창하여 갈등과 대립의 논리를 하나의 근원으로 조화롭게 통일시켰다. 모든 논쟁을 화합으로 바꾸려는 불교사상이 바로 화쟁사상이다. 우리나라 불교의 저변에 깔린 가장 핵심적인 사상이다. 독특한 화쟁의 논리를 주창한 원효는 한국역사상 유일하게 논리학적 방법론을 사용했던 사상가이다.

그의 불교사상은 심오하면서도 독창적인 내용을 담고 있어 신라뿐만 아니라 중국 불교계에도 많은 영향을 미쳤다. 원효의 불교관은 당시 중관파[중도(中道)를 지향하는 인도 대승불교의 중요한 학파]와 유가파[수행방법으로서 유가(요가)를 중요시하는 대승불교의 또 다른 학파]의 갈등, 논쟁을 화해하고, 세속적인 가치와 불교 진리적 가치 사이의 갈등을 화해하고, 다원적이고 보편적인 생각으로 타인의 의견에 귀를 기울였다.

사회적 임팩트
Social Impact

🚲 불교이론을 집대성하고 대중화하다

원효의 사상과 삶을 말하는 데 있어서 가장 강조되어야 할 것은 '앎에 모자람이 없었고, 그 앎을 넘어서서 아는 바대로 실천했다.'는 점이다. 원효의 사상은 불교의 다양한 사상을 망라함은 물론 불교 이외에 유교경전이나 노장(老莊)의 경전까지 두루 포괄한 것이었다. 그런데 그의 삶은 이러한 사상의 다양한 스펙트럼만큼이나 자유로우면서도 긍정적이고 적극적인 것이었다. 그는 한적한 산중이나 절간, 시끄러운 장터를 가리지 않고 다녔으며, 사람 역시 빈부귀천과 지위고하를 가리지 않고 만났다. 그가 보인 다양한 행로 중에서 어느 한 가지에도 끝까지 얽매이지 않았다. 즉, 특정한 형태의 삶을 편벽되게 고집하지 않았고, 적극적으로 이타행(利他行)의 삶을 추구한 점이 매우 중요하다.

15 기업 앙트러프러너십 사례

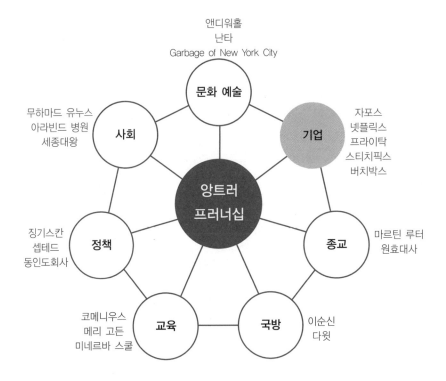

1. 서비스를 판매하는 신발판매 회사 '자포스'

자포스의 CEO 토니 셰이

온라인 판매는 신발의 판매 방식으로는 매우 불리한 조건을 가지고 있다. 하지만 이러한 악조건에도 불구하고 괄목할 만한 성장을 이루어 낸 자포스의 실적은 앙트러프러너십 발현의 결과 사례로 보기에 매우 적합하다.

공감적 문제발견
Empathetic Problem

과연 온라인으로
신발을 잘 팔 수
있을까?

창의적 문제해결
Creativity

무료 배송, 무료 반품,
빠른 배송서비스가
답이다.

구현
Invention

자포스만의 기업
문화를 만든다.

사회적 임팩트
Social Impact

자포스는 서비스 판매회사
이며 이로써 엄청난 성장을
이루었다.

공감적 문제발견
Empathetic
Problem

온라인으로 신발을 제대로 구입할 수 있을까

온라인을 이용해 신발을 판다는 것은 모험적인 일이다. 신발을 구매할 때 사람들은 보통 여러 켤레의 신발을 직접 신어 보고 비교한 후 결정한다. 신발이라는 것은 사이즈가 동일하더라도 제조사나 브랜드에 따라 실제 착용감이 다른 경우가 많다. 또한 단순히 발 길이가 맞다고 해서 그 신발이 자신의 발에 적합한 신발인 것은 아니다. 자신에게 맞는 신발이란 길이뿐만 아니라 발볼의 넓이나 두께 등의 요소에 따라서도 달라질 수밖에 없다. 이러한 신발 구매 특성에 비추어 보면 신발 판매는 온라인을 이용하는 것이 오프라인 매장판매에 비해 불리한 일이다.

하지만 내가 원하는 신발을 찾아서 신발 매장을 다니다 보면 정말 내 마음에 맞는 신발을 찾는 것이 쉽지가 않다. 디자인이 마음에 들면 원하는 색이 없거나 색상이 마음에 들면 디자인이 마음에 들지 않는다. 또는 비슷한 디자인의 신발도 조금씩 차이가 나니 수많은 매장을 찾아다녀도 내가 원하는 '나의 신발'을 찾기가 어렵다. 하지만 온라인이라면 오프라인 매장에서 물리적인 장소의 한계로 구비해 놓을 수 없는 많은 신발들을 무한정 펼쳐 놓을 수 있지 않은가? 오프라인 판매에 비해 불리한 조건이 명확함에도 과연 온라인 매장의 장점은 살리면서 그 한계를 벗어날 수 있을까?

창의적 문제해결
Creativity

무료 배송, 무료 반품, 빠른 배송서비스가 답이다

자포스는 온라인 신발판매의 한계점을 돌파하기 위해 무료 배송, 무료 반품, 빠른 배송 서비스를 도입하였다. 온라인의 제약을 최소화하기 위해서는 오프라인 매장에서의 신발 구입 경험에 최대한 근접한 서비스를 제공하는 것이 필요했다. 온라인의 상황에서는 자칫 손해를 감수하는 과감한 시도였다.

자포스가 정한 배송 정책은 다음과 같다.

- 100% 만족 못할 경우, 무료 교환 및 환불 가능
- 제품 구입 후 365일 이내에는 언제든 환불과 반품 가능. 단, 원래 배송된 상태 그대로 보존되어 있어야 함

- 반품할 경우, 반품 신청 후 클릭 한 번으로 택배업체의 선불 배송장을 인쇄
  해 박스에 붙여 보내면 됨
- 반품은 제품 생산자가 아닌 자포스로 보내면 됨

자포스는 서비스 우선 정책을 마련하여 상품을 판매하기보다는 서비스를 판매하는 서비스 회사라는 가치를 갖고 신발을 판매하였다. 기존의 기업들이 시도하지 못하는 획기적인 서비스로 고객에게 감동을 주고자 하였다.

자포스만의 기업문화를 만든다

자포스의 경영포커스는 기업문화에 있다. 기존의 기업들에게 있어서는 기업문화라는 것이 전면에 부각될 정도로 중요한 가치는 아니었다. 하지만 자포스에게 있어서는 기업문화가 곧 경쟁력의 원천이며 근본이다.

따라서 자포스만의 기업문화를 형성하고 그 가치를 공유하기 위해 전 직원의 마음을 모아 기업의 핵심가치를 설정하였다.

구현
Invention

〈자포스의 핵심 가치〉
- Deliver WOW Through Service(서비스를 통해 '우와!' 소리가 나게끔 할 것)
- Embrace and Drive Change(변화를 포용하고 주도할 것)
- Create Fun and a Little Weirdness(재미와 약간의 이상함을 추구할 것)
- Be Adventurous, Creative, and Open-Minded(모험적이고, 창의적이며, 열린 사고를 할 것)
- Pursue Growth and Learning(성장과 배움을 추구할 것)
- Build Open and Honest Relationships With Communication(소통을 통해 투명하고 진실된 관계를 맺도록 할 것)
- Build a Positive Team and Family Spirit(긍정적인 팀과 가족 같은 분위기를 만들 것)
- Do More With Less(적은 자원으로 더 큰 결과를 만들 것)
- Be Passionate and Determined(열정과 굳은 의지를 가질 것)

- Be Humble(겸손할 것)

자포스는 10개의 핵심 가치를 공유하고 내면화하며 자포스만의 정신과 문화를 이루고자 한다. 자포스는 사람에 투자하는 기업이다. 고객 서비스뿐만 아니라 직원에 대한 서비스를 중요한 가치로 여기며 직원의 자아실현을 중시하고 최선의 지원을 한다.

사회적 임팩트
Social Impact

🚴 자포스는 서비스 판매회사이며, 이로써 엄청난 성장을 이루었다

자포스가 추구하는 가치는 곧 기업의 성장과 엄청난 실적으로 되돌아왔다. 자포스의 기업가치는 엄청난 실적과 함께 꾸준히 성장하여 2009년 12억 달러에 아마존에 인수됨으로써 큰 화제가 되었다.

행복의 배달

자포스는 물건을 판매한 후 고객에게 물건에 대한 의견을 확인한다. 회사의 의례적 규정에 따른 고객 응대가 아니라 인간적인 교감으로 고객을 대한다. 직원과 고객에게 행복을 전하는 것이 회사의 장기적 번영을 이끄는 최강의 전략이라고 확신하고 있다. 이러한 전략의 결과, 자포스는 높은 성장률과 재구매율 등의 성과를 올렸다.

파격적인 서비스 회사

신발이라는 상품은 특성상 직접 신어 보고 사야 한다. 자포스에서는 온라인 구매임에도 이러한 욕구를 충족해 주기 위해 '무료 배송, 무료 반품, 마음에 들 때까지 반품 가능'이라는 슬로건으로 파격적인 서비스를 제공한다. 또한, 회사 내부적으로도 직원들을 고객 이상으로 존중하고 자긍심을 갖고 일하도록 한다.

2009년 아마존에 12억 달러의 거금으로 인수되어 업계에 놀라움을 주었는데 인수된 이후에도 자포스는 여전히 기존의 CEO가 경영하며 기업문화를 이루어 가고 있다. 자포스는 『포춘(Fortune)』이 선정한 '2010년 일하기 좋은 100대 기업' 중 15위를 차지하기도 했다.

2. '넷플릭스', 세계 방송 시장을 바꾸다

xerox, google, netflixed 세 단어의 공통점을 아는가? 셋 다 브랜드명이지만 동사로 쓰이는 신조어이다. 복사기 업체 '제록스(xerox)'는 '복사하다'는 뜻으로, 검색 사이트인 '구글(google)'은 '검색하다'는 뜻으로 쓰인다. '넷플릭스트(netflixed)'는 직역하면 '넷플릭스 당하다'로 '기존 비즈니스 모델이 붕괴되었다'는 뜻으로 쓰일 만큼 실리콘밸리에서 넷플릭스는 혁신의 대명사로 간주된다. 1997년에 전 직원 30여 명의 '비디오 대여 업체'로 시작했던 넷플릭스는 2017년 현재 190여 개국에서 1억 명의 유료회원을 확보한 세계 최대 유료 '온라인 동영상 스트리밍 회사'가 되었으며, 세계 1위의 엔터테인먼트 콘텐츠 유통업체이면서 동시에 콘텐츠 제작업체이기도 하다.

공감적 문제발견
Empathetic Problem

영화 보려면 비디오
가게까지 가야 해?

창의적 문제해결
Creativity

통신망을 활용한 고객
맞춤형 서비스가 답이다.

구현
Invention

첨단 기술 위에 쌓아
올린 엔터테인먼트 회사

사회적 임팩트
Social Impact

개인 맞춤형 미디어
시대를 열다.

온라인으로 주문하면, DVD를 배송해 주는 넷플릭스의 시스템

공감적 문제발견
Empathetic
Problem

🍃 영화 보려면 비디오 가게까지 가야 해?

넷플릭스의 성공 비결은 '고객이 원하는 서비스를 원하는 시간에 원하는 다양한 기기로 서비스한다.'고 창업주 헤이스팅스가 말한 것처럼 '이용자 중심'을 최우선 가치로 둔 것이다. 왜 비디오를 보려면 매장까지 직접 방문해야 하는지, 반납일을 놓치면 왜 대여료보다 더 비싼 연체료를 내야 하는지, 비싼 돈을 주고도 왜 내가 원하는 시간과 장소가 아닌 곳에서 내가 별로 보고 싶지도 않은 콘텐츠를 봐야 하는지 등의 누구나 한 번쯤 가져 봤을 불만을 알아채고 해결함으로써 넷플릭스는 미디어 유통방식의 지도를 바꾸었다.

창의적 문제해결
Creativity

🍃 통신망을 활용한 고객 맞춤형 서비스가 답이다

영화광이었던 헤이스팅스는 기존 비디오 대여업의 불편과 불만을 해소한 새로운 운영방식을 도입하여 1997년 '넷플릭스'를 창업했다. 기존의 모든 비디오 대여업은 고객이 직접 대여 매장에 방문해서 대여료를 내고 빌렸으며, 또 기간 내에 반납하지 못하면 연체료를 지불하는 방식으로 이루어졌다. 이런 운영방식은 앞서 말했듯이 소비자의 불편과 불만을 야기했다. 이와 달리 넷플릭스는 바로 이 기존의 방식을 깨고 매장을 방문하지 않아도 고객의 집까지 우편으로 비

디오를 배달해 주면서 월정 사용료만 내면 건당 대여료나 연체료 없이 무제한 대여가 가능한 시스템으로 바꿨다. 그 결과 전미 1위 업체인 '블록버스터'가 독식하던 DVD 대여 산업에서 입지를 넓힐 수 있었다.

이후 '인터넷'과 '스트리밍' 서비스가 확산됨에 따라 넷플릭스는 2007년부터 영화와 드라마를 과감히 인터넷으로 스트리밍하는 서비스를 시작했다. 다른 업체들이 기존의 방식을 고수하다 파산(2010년 블록버스터 파산)한 것과 달리 인터넷 시대에 맞게 '간단한 가입절차를 통해 언제 어디서나 모든 디바이스에서 이용 가능'하게 하는, 간편하면서도 새로운 방식을 도입함으로써 결국 비디오 산업의 판도를 바꾸게 된 것이다.

넷플릭스가 경쟁업체와 다른 전략, 새로운 아이디어로 혁신하는 행보는 계속된다. 넷플릭스에 앞서 스트리밍 서비스인 '아마존 인스턴트 프라임'을 선보인 아마존이 콘텐츠를 8만 종 이상 확보(국내 IPTV도 보통 10만 종 이상)하고 있음에도 불구하고 콘텐츠가 1만 종 정도에 불과한 넷플릭스의 가입자 수가 더 많다. 그 비결은 '빅데이터 분석을 활용한 고객 맞춤 영화 추천'이다. DVD 대여서비스 시기인 2000년부터 별점을 매기는 방식으로 고객 취향을 분석하고, '시네매치(Cinematch)'라는 영화 추천 엔진을 개발하여 고객 맞춤형 콘텐츠를 제공함으로써 최소 콘텐츠로 최대 효과를 거두고 있다.

🚲 기술 위에 쌓아 올린 엔터테인먼트 회사

창업자 리드 헤이스팅스는 넷플릭스 사업을 두 가지로 설명한다.

'첫째는 이용자에게 넷플릭스 서비스를 제공할 수 있는 인터넷 기반 시스템을 만들고 이용자 취향을 분석하는 IT 사업. 둘째는 흥행할 콘텐츠를 찾아 투자하는 제작 사업'이라고 말한다.

넷플릭스는 '고객 중심'이라는 기본가치 실현을 위해 우편배달 서비스, 스트리밍 서비스 확대, 빅데이터 분석을 통한 영화 추천과 영화 자체 제작 등 획기적인 아이디어를 실행에 옮겼다. 단지 아이디어에 그치지 않고 뒷받침할 수 있는 철저한 시스템을 마련함으로써 성공을 거둘 수 있었다.

우편배달 시스템은 사용자의 편의성을 우선하다보니 처음에는 손실이 발생했지만, 체계적인 관리시스템을 통해 회전율 균형을 맞출 수 있었다. 스트리밍 사업도 간단한 가입절차, 모든 디바이스에서 이용 가능하게 시스템을 구축하고 월 사용요금 또한 기존 케이블 TV나 위성방송, IPTV보다 저렴하게 책정함으로써 시장을 잠식해 나갈 수 있었다.

추천 알고리즘 토너먼트

기존 미디어 제작사와 보급사로부터의 콘텐츠 확보에 불리했음에도 불구하고 '빅데이터 분석'을 통한 콘텐츠 제공과 함께 제작에 과감한 투자를 한 것이 넷플릭스가 성공을 거둔 비결이다. 넷플릭스는 영화 추천 알고리즘을 정교화하기 위해 날마다 3,000만 건 이상의 데이터를 분석하고, 인공지능, 딥러닝 등 첨단기술에 적극 투자한다. 또한 엔진 정확도를 10% 이상 향상시키는 팀에 100만 달러라는 거금을 상금으로 수여하는 추천 알고리즘 토너먼트인 '넷플릭스 프라이즈'를 제정하였는데 여기에는 150여 개국 2만 개 이상의 팀이 참여하여 혁신 기술을 개발하기도 한다. 이런 기술을 기반으로 한 시스템 개발과 실행이 뒤따름으로써 그들만의 독특한 아이디어가 실현되었다.

🐦 개인 맞춤형 미디어 시대를 열다

2015년, 헤이스팅스는 "TV방송 시대는 2030년까지만 지속될 것이다."라고 호언 장담했다.

사회적 임팩트
Social Impact

DVD 대여업에 불과했던 넷플릭스는 DVD 배달도 하고 영화도 추천하는 새로운 비즈니스를 창출했다. 넷플릭스는 스트리밍 서비스를 제공한 이후, 미국 유료방송 시장뿐만 아니라 전 세계 방송미디어 시장을 재편했다. 더 이상 방송 산업은 지상파, 케이블, 위성방송이 주류가 아니다. 시청자들은 이제 방송사들의 일방적인 방송시간과 콘텐츠를 벗어나 다양한 기기에서 자기가 원하는 시간대에 자기가 원하는 콘텐츠만 시청하는 방식으로 방송 소비방식을 바꾸어 가고 있다. 넷플릭스는 미디어에서의 인터넷 플랫폼 시대, OTT(Over The Top, 셋톱박스를 넘어서는) 서비스 시대를 선도하고 있다. 2014년에 이미 미국 가정의 41%가 스트리밍 서비스에 가입했고 35%가 넷플릭스 사용자이다. 지금은 기존 지상파나 케이블 채널도 스트리밍 서비스를 앞다퉈 시작하고 있다. 바야흐로 미디어소비시장에 방송의 시대가 가고 인터넷 시대, 개인맞춤형 미디어 시대가 열리고 있다.

3. 폐품을 명품백으로, '프라이탁'

　　환경에 대한 관심으로 에코백이 유행이다. 그런데 그런 에코백은 결국 장바구니로 전락하기 마련이다. 일회용 플라스틱 봉투를 대체하여 보급하기 위해 천으로 저렴하게 만들어진 까닭이다. 하지만 명품이 된 재활용 가방이 있다. 5년 이상 사용한 트럭의 방수포와 폐자동차의 안전벨트, 에어백, 폐자전거의 고무튜브, 이런 공업용 합성재료들과 세제 냄새까지 진동하며 더럽다고 여겨지던 재료들을 세탁해서 만들었음에도, 수십만 원에 팔리는 명품백이 되었다. 연간 400톤의 방수포, 10만 개의 폐자동차 안전벨트, 4만 대의 폐자전거를 이용해 40만 개의 명품백을 만들어 판매하는 프라이탁(FREITAG)은 리사이클링을 넘어 업사이클링 산업의 선두를 달리고 있는 혁신의 주인공이다.

공감적 문제발견
Empathetic Problem

비에 젖지 않는
가방이 필요해!

창의적 문제해결
Creativity

유니크함을
스토리로 담다.

구현
Invention

재료-공정-마케팅-
연구까지 독보적인

사회적 임팩트
Social Impact

전 세계 친환경 제품의
새로운 패러다임으로

🍂 비에 젖지 않는 가방이 필요해

공감적 문제발견
Empathetic
Problem

마커스 프라이탁, 다니엘 프라이탁 형제가 처음 방수포로 메신저 백을 만든 것은 기능적인 이유에서였다. 비가 잦은 스위스 취리히에서 자전거로 출퇴근하자면 가방이 젖기 일쑤였다. 비에 젖지 않고 튼튼한 가방이 필요했던 형제에게 집 근처 고속도로를 달리는 트럭의 방수포가 눈에 띄었다. 디자이너였던 형제에게 그것은 새로운 재료에의 호기심이기도 했다. 이렇게 만들어진 첫 방수포 가방은 기대했던 대로 비에 젖지 않았으며 질기고 튼튼했다. 게다가 사람들의 주목을 끌었다.

프라이탁 형제가 방수로포 만든 최초의 메신저백

프라이탁 형제가 이렇게 우연히 폐방수포로 가방을 만들게 된 데에는 어린 시절 가정에서 길러진 환경과 생태에 대한 공감적 인식과 태도가 있었다. 취리히 시골마을에서 자연과 더불어 놀며 아버지로부터 퇴비의 순환적 기능에 대해 배웠던 형제는 자동차를 몰지 않고 늘 자전거를 타고 다녔다. 그런 생활 습관이 폐품을 재활용한 명품 탄생의 계기가 아니었을까?

🍂 유니크함을 스토리로 담다

창의적 문제해결
Creativity

프라이탁 가방이 인기를 끌며 명품으로서 부가가치 높은 상품이 된 까닭은 희소성과 스토리 덕분이다. 오로지 실제의 폐방수포를 조달해 가방을 만드는 까닭에 색상, 패턴, 스크래치, 빛바램 정도가 어느 하나 같은 가방이 없다. 독특하면서도 빈티지한, 세상에 하나뿐인 가방이 탄생한 것이다. 모든 제품은 일일이 수작업으로 만들어지고 하나의 가방이 만들어지기까지는 약 45일이 소요된다. 그래서 프라이탁의 모든 가방은 고유번호가 있다. 이런 희소성과 스토리 덕분에 고가의 명품으로 팔려나간다. 깨끗한 새 천으로 만든 상품만이 가치가 있다는 통념을 넘어서 철저한 업사이클링이라는 환경적 가치와 세상에 유일하다는 디자인적 가치가 높은 부가가치를 낳게 된 것이다.

세상에 하나밖에 없는 다양한 가방

구현
Invention

재료-공정-마케팅-연구까지 독보적인

세상에 하나뿐인 재활용 가방이라는 아이디어를 현실화하기 위해서 프라이탁이 공정과정에서 고수하는 원칙과 절차가 있다. 모든 재료는 폐기물, 즉 유럽 전역을 돌아다니며 truck spotting으로 구한 5년 이상 된 방수포이며, 이를 재단해서 자신들이 개발한 비밀세제로 세척한다. 최고의 제품 퀄리티를 위해 디자인과 재봉까지의 모든 공정이 취리히 본사 공장 내에서 170명의 전 직원에 의해

이루어진다. 또한, 제품 하나하나의 특징과 스토리를 살려 재치 있는 스톱모션
제품소개 동영상을 만들고, 이를 마케팅에 활용함으로써 창의적 제품의 가치를
극대화하고 있다.

프라이탁 가방 제작과정

프라이탁은 진정한 친환경 제품을 만들기 위한 실험과 연구를 계속하고 있
다. 3개월 이내에 100% 생분해되는 'F-abric'이라는 천연섬유를 개발하여 2014
년부터 의류제품도 만들고 있다. F-abric은 스위스 토양에 해를 입히지도 않고
과다한 물을 사용하지도 않으며 취리히 공장에서 반경 2,500킬로미터 이내에서
모든 생산이 이루어진다. 이런 친환경 생산과정 역시 프라이탁 제품의 가치를
더욱더 높이는 요소가 된다.

🚲 전 세계 친환경 제품의 새로운 패러다임으로

프라이탁은 단순히 가방 제조업체를 뛰어넘어 사회적 교류의 매개 역할을 하
고 있다. 프라이탁의 제품 전시장이자 판매장인 취리히의 플래그십 스토어는

사회적 임팩트
Social Impact

스위스 관광청 홈페이지에도 소개되어 있어 지역의 자부심이자 문화의 중심이 되고 있다. 몇몇 작품은 뉴욕 MOMA(Museum of Modern Art)에 전시되기도 하여 사회적·미적 가치를 자랑한다.

취리히의 플래그십 스토어 1

뉴욕 MOMA에 전시된 프라이탁 가방

프라이탁은 환경적 가치만 앞세우고 제품의 퀄리티나 패션 가치를 담보하지 못해서 환경적 가치를 제대로 실행하지 못했던 리사이클링 분야에서 새로운 가능성을 보여 준 것으로 평가할 수 있다. 친환경 패션 산업은 국내외를 막론하고 전도유망한 분야로 각광 받고 있다.

4. 나만의 스타일을 코디부터 구매까지 '스티치 픽스(STITCH FIX)'

STITCH FIX   Women   Men   Kids   Style Guide   FAQ   Gift Cards   Sign In

Personal Styling for Everybody

Clothing and accessories hand-selected by a personal stylist, delivered to your door.

GET STARTED →

> "필요한 것은 내게 어울리는 원피스 딱 한 벌인데 수만 벌을 봐야 하다니."
>
> 쇼핑할 시간이 없고 귀찮다고까지 여기는, 일하는 여성을 위한 의류 스타일링 구매 대행업체로 2011년 1인 창업했던 이 회사는 2012년 직원 5명에서 현재 5,700명으로 늘었고 실리콘밸리에서 가장 주목받는 유니콘 기업이 되었다. 그 기업은 바로 스티치 픽스, 2017년에 기업공개(IPO)에 성공하였고, 2019년 기준 회원 수는 320만을 달성했다. 또한 2020년 총매출은 18억 달러이며 나스닥에 상장되었다. 이러한 기조는 COVID-19 팬데믹 이후 더 급증되는 추세이다.

공감적 문제발견
Empathetic Problem

옷 한 벌 사기 위해
수만 벌을 봐야 하다니!

창의적 문제해결
Creativity

소비자의 선택권을
제거하라.

구현
Invention

빅데이터와 인공지능을
활용한 맞춤형 패션
큐레이터!

사회적 임팩트
Social Impact

온라인 기반 개인 맞춤형
사업 모델은 힘들다는
기존 통념에의 도전!

공감적 문제발견
Empathetic
Problem

🚲 옷 한 벌 사기 위해 수만 벌을 봐야 하다니

필요한 옷을 사기 위해 즐거운 마음으로 쇼핑을 나섰다가 내게 딱 맞는 옷을 구매하지 못하고 오히려 불필요한 것만 사 와서 후회를 한 경험, 누구나 있을 것이다. 게다가 쇼핑을 싫어하는 사람도 많다. 원하는 색상과 스타일, 브랜드, 가격, 재질 등 다양하다 못해 오히려 지나치게 많은 기준을 따지다 보면 많은 시간과 에너지가 들기 때문이다. 누가 나 대신, 아니 나보다 더 잘 쇼핑해 줄 사람이 있다면 얼마나 좋을까 하는 한탄 아닌 한탄을 해 보기도 했을 것이다. 스티치 픽스를 창업한 카트리나 레이크(Katrina Lake)도 동일한 문제를 가지고 있었다. 카트리나도 두 살짜리 아기를 둔 워킹맘이었다. 그는 직장을 다니면서 대학원 MBA 수업을 듣는 바쁜 생활을 했다. 옷 한 벌 살 시간도 나지 않았다.

스티치 픽스 대표 카트리나 레이크

'20달러를 내면 내 취향을 잘 아는 누군가 알아서 옷을 골라 주고 집까지 배달해 준다.'는 이 서비스는 '쇼핑이 귀찮은' 이들을 단숨에 끌어들이며 200만 명의 회원을 확보했다.

게다가 정말 내게 필요한 것을 배달해 줄까, 맘에 들지 않으면 어쩌나 하는 등의 염려도 불식시킨 파격적인 반품서비스 역시 스티치 픽스의 인기에 한몫했다. 스티치 픽스는 소비자가 옷을 배송받아 직접 입어보기 전까지는 구매가 이뤄지지 않은 것으로 본다. 배송된 다섯 벌의 옷 가운데 마음에 들지 않는 옷은 동봉된 봉투에 담아 반송하면 된다. 선택한 옷에 대한 값만 지불하면 되고 배송

비와 반송비는 모두 무료이다.

이러한 스티치 픽스의 혁신적인 서비스를 사용해 본 여성 고객들의 높은 만족도는 자신의 남자친구, 남편, 남동생을 위한 서비스도 시작해 달라는 요청으로 이어졌다. 그리하여 스티치 픽스는 2016년부터 주력 분야인 여성복 뿐만 아니라 남성복과 아동복, 액세서리도 판매하기 시작하여 현재는 여성/남성/키즈로 큐레이션이 나뉘어져 있으며 매년 10% 안팎의 성장을 이루고 있다.

🚲 소비자의 선택권을 제거하라

창의적 문제해결
Creativity

'옷 한 벌 구매하려고 온라인 쇼핑몰에서 수백 벌의 옷을 일일이 찾아보는 게 시간낭비이고 자신에게 맞는 것을 고르는 게 어렵다.'고 생각하는 소비자의 고민을 해결한 스티치 픽스의 핵심 아이디어는 바로 그러한 소비자의 경험에 집중하여 '소비자의 선택권'을 제거한 것이다.

> "소비자는 자신에게 어울리는 단 한 벌의 청바지를 찾고 싶어 하지, 수많은 선택
> 권을 원하지 않는다."(스티치 픽스 CEO 카트리나 레이크)

스티치 픽스의 사이트에서는 일반적인 '온라인 의류 쇼핑몰'과 달리 옷을 입은 모델 사진은커녕 의류 제품 사진조차 찾아보기 힘들다. 소비자는 주문을 하는 대신 '스타일 프로필'을 제공한다. 키·몸무게는 얼마인지, 어떤 색상·패턴을 좋아하는지, 싫어하는 직물이 있는지, 어떤 액세서리를 좋아하는지, 외출은 얼마나 자주 하는지, 기념일은 언제인지 등에 관한 질문들을 채운 후, 배송 날짜를 선택하고 스타일링 비용으로 20달러를 내면 주문이 끝난다. 고객의 입력 정보를 바탕으로 인공지능(AI)이 옷을 1차로 추천하고, 이 가운데 다섯 가지를 전문 스타일리스트가 골라 배송한다. 다섯 가지 추천 의류를 받아보는 데 드는 비용은 20달러이다. 이 중 하나라도 구매하면 구매 비용에서 20달러를 깎아 준다. 마음에 들지 않는 옷은 반품하면 된다. 옷 한 벌의 가격은 평균 55달러(약 6만원)이고 배송상자 안에는 코디법이 안내된 '스타일 카드'가 들어 있다.

　즉, 스티치 픽스의 성공 비결은 상품이 아니라 '소비자 경험'에 집중했던 것이었다. CEO인 레이크는 "이-커머스 성공의 열쇠는 즐거운 '소비자 경험'에 달려있다. 스티치 픽스 소비자에게 그 즐거움이란 편한 쇼핑, 나도 미처 몰랐던 내 취향을 꿰뚫는 옷이 배송돼 오는 것"이라고 설명했다. 이러한 스티치 픽스의 성공은 패션 같이 개인 취향에 따라 성패가 좌우되는 사업 영역에서, 그것도 온라인으로 개인 맞춤형 사업 모델을 성공적으로 구축하였다는 데서 의미가 크다.

구현
Invention

🖌 빅데이터와 인공지능을 활용한 맞춤형 패션 큐레이터!

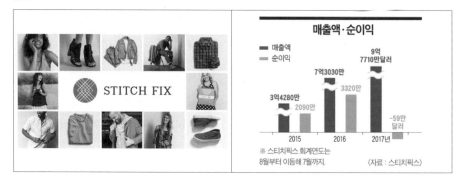

　이를 실현하기 위해 레이크는 처음에 '랙 해빗'을 설립하였다. '랙 해빗'은 레이크가 보스턴 지인들을 만나 엑셀 시트에 그들의 취향을 일일이 받아 적어 놓는 방식으로 진행되었는데, 이 방식은 수작업으로 이루어졌기 때문에 노력에 비해 수익이 적었다. 이에 CEO인 레이크가 고민 끝에 정보기술(IT)을 스타일링에 접목하는 아이디어를 내었다. '랙 해빗'이 '스티치 픽스'로 재탄생한 순간이었다.

'스티치 픽스'는 데이터 분석가들을 고용하고, AI 기능을 도입하면서 고객 맞춤형 추천을 더욱 정교하게 할 수 있게 되었다. 그 결과 온라인 광고 하나 내지 않고 입소문만으로도 크게 성공하게 되었다.

스티치 픽스는 1,000여 명의 패션 큐레이터를 고용하고 있지만, 패션 추천의 핵심은 수집한 빅데이터를 바탕으로 정교하게 적용되는 인공지능이다. 100여 명의 개발자들이 고객의 선호 패션과 트렌드를 분석하여 수백 개의 알고리즘을 만들고 이를 추천 시스템에 도입하였다. 또한 인공지능의 학습에 따라 추천은 더욱더 정교해지고 있다.

스티치 픽스 매출액은 2015년 3억 4,280만 달러에서 2020년 18억 달러를 달성하며 급증했다. 또한 회사 설립 당시 5명 이었던 직원은 2021년 기준 약 5,800명의 스타일리스트와 145명의 데이터 사이언티스트로 늘어났으며 스티치픽스를 이용하는 회원수는 320만명에 이르고 있다.

차별화된 서비스로 고객을 공략한 결과 스티치 픽스는 특히 COVID-19 팬데믹 이후 초기의 주춤을 제외하고는 계속적으로 성장하는 추세이다. 그러나 아무리 뛰어난 알고리즘이라고 해도 스타일링된 모든 제품이 고객을 만족시킬 수는 없었다. 이러한 문제를 해결하고자 스티치 픽스는 Direct Buy 서비스를 도입하여 고객이 앱을 통해 큐레이션 된 의류들을 볼 수 있도록 하여 직접 선택 및 구매가 가능한 서비스를 시작하였다.

🚲 온라인 기반 개인 맞춤형 사업 모델은 힘들다는 기존 통념에의 도전

사회적 임팩트
Social Impact

스티치 픽스를 이용한 소비자들이 보내 온 후기

스티치 픽스의 성공은 많은 관점에서 시사하는 바가 크다. 온라인을 기반으로 한 개인 맞춤형 사업 모델을 구축하는 것이 어렵다는 통념에 도전하여 성공한 예이기 때문이다. 패션 의류는 특히 개인의 취향을 고려해야 하는 부분이 많은데, 소비자 취향의 편차가 커서 소비자의 특성에 맞추기 위한 프로세스가 복잡하다.

그러나 스티치 픽스는 대중을 위한 유통을 중시하여 패스트 패션이 지배했던 기존의 패션업계에 IT 및 AI 기술을 활용하여 개인 맞춤형 추천 시스템 및 유통을 구현시킴으로써 사회적 임팩트와 파급효과를 이루어 냈다.

이러한 성공에 힘입어 유통업계의 강자인 아마존도 인공지능을 활용한 패션 큐레이터 사업에 뛰어들었다. 아마존은 2017년 사용자가 자신의 사진을 업로드하면 인공지능 비서인 알렉사를 통해 사용자에게 어울리는 패션 아이템을 제안하는 '에코 룩' 서비스를 선보였다. 특히 아마존은 로봇이 자동으로 옷을 생성해 내는 재단사 로봇과 주문형 생산 시스템의 특허를 보유하고 여러 패션 브랜드를 인수한 상태라 에코 룩과의 시너지 효과를 기대하고 있다.

구글은 스웨덴 패스트 패션 브랜드 H&M과 개인 맞춤형 드레스를 디자인하는 인공지능 앱 '코디드 쿠튀르(Coded Couture)'를 공동개발 중이다. 이 앱은 가입한 고객의 생활 습관, 사는 곳, 자주 방문하는 곳 등의 데이터를 수집한 후 이에 맞춰 드레스를 제작한다. 사용자는 AI가 디자인한 드레스를 앱으로 확인한 후 마음에 들면 바로 스마트 폰으로 주문 및 결제를 진행할 수 있다.

이같은 사회적 임팩트와 파급효과는 국내 패션업계에서도 감지된다. 국내 패션 브랜드들도 패션과 IT 기술을 결합하여 혁신을 시도하고 있다. 롯데백화점을 운영하는 롯데쇼핑은 인공지능 챗봇 '로사'를 개발하여 쇼핑하러 온 고객들에게 다양한 브랜드와 패션 아이템을 추천해 주는 데 활용하고 있다. 아웃도어 브랜드 네파는 강릉 직영점을 가상현실과 사물인터넷을 활용한 지능형 쇼핑몰로 탈바꿈시켰다. 비록 평창 동계 올림픽 기간에만 활용되었지만, 상품 정보를 실시간으로 알려주는 스마트 행거, 옷을 직접 입지 않아도 디스플레이를 통해 미리 옷 입은 모습을 확인할 수 있는 스마트 미러, 신체 인식 기능을 활용해 맞춤형 옷을 추천해주는 스마트 브로서, 증강 현실로 옷을 입어 볼 수 있는 AR 피팅존으로 구성되었다.

스티치 픽스 사례에서 더 나아가 AI는 이제 새로운 의상을 디자인하려는 수준으로 발전하고 있다. 아직 AI가 자유자재로 새로운 의상을 디자인하는 수준에 이르지는 못했지만, 스티치 픽스 사례와 같이 AI가 패션 디자이너의 일을 지원하는 지능적인 도구로서 패션 사업의 영역에서 다양하게 활용될 것으로 기대할 수 있다.

스티치 픽스는 온라인 기반 개인 맞춤형 사업 모델은 힘들다는 통념에 도전하여 새로운 가치를 창출해 낸 성공사례이며, AI뿐만 아니라 다양한 4차 산업혁명의 기술들을 창업, 창직에 활용할 수 있는 가능성을 보여준 성공적인 창업사례라고 할 수 있다.

5. 뷰티를 배달하는 유통의 혁신! '버치박스(Birch Box)'

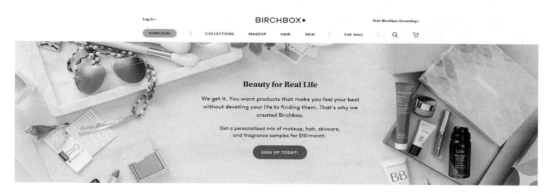

It's All Pretty Simple

유명 브랜드의 제품을 저렴하고도 다양하게 체험한 후 구매할 수는 없을까? 소비자 개인의 선호도를 반영한 무료 서비스가 제공되면서도 기업과 소비자가 모두 만족할 수 있는 방법은 없을까? 이러한 질문에서 버치박스는 맞춤형 뷰티체험을 통해 혁신적 유통구조를 만들어 낸 사례라고 볼 수 있다.

공감적 문제발견
Empathetic Problem

앱으로도 명품 화장품을
저렴하게 체험해
볼 수 없을까?

창의적 문제해결
Creativity

무료 샘플을 원하는
고객에게 직접 전달하는
연결 시스템이 답이다.

구현
Invention

고객과 기업의 수요와
공급을 맞춘 화장품
샘플회사를 창립

사회적 임팩트
Social Impact

제조사와 판매사의
유통혁신을 통한 소비자
중심 독점적 서비스
문화 확산

🍃 앱으로도 명품 화장품을 저렴하게 체험해 볼 수 없을까

공감적 문제발견
Empathetic
Problem

창업자 헤일리 바나, 캐시아 보챔프와 버치박스 제품들

뷰티를 배달한다! 소비자들의 니즈를 파악하고 뷰티업계에 '서브스크립션 (subscription)'이라는 새로운 사업모델을 제시한 버치박스는 빛나는 아이디어와 통찰력으로 수많은 서브스크립션 업체들에게 귀감이 되고 있다. 소비자의 선택 기준이 '가장 좋은 제품이 무엇인가?'에서 '나에게 가장 좋은 제품이 무엇인가?' 로 바뀌고 있는 지금, 더 많은 소비자들의 요구에 주목하고, 온·오프라인의 유 연한 연결을 활용하여 새로운 사업모델을 제시한 기업이 바로 버치박스이다.

유명 브랜드의 화장품은 여성들에게 매우 인기가 좋지만 높은 가격 탓에 자 신의 피부에 적합한지도 모르면서 선뜻 구매를 결정하긴 쉽지 않다. 고객 입장 에서는 샘플을 통해 미리 화장품을 써 보고, 피부 트러블과 같은 문제를 확인할 수 있다면 이 같은 상품일지라도 비교적 쉽게 상품을 선택할 수 있을 것이다. 화 장품 회사도 이를 알기에 많은 비용을 들여 샘플 화장품을 제작한다. 문제는 그 샘플을 고객에게 어떻게 전달하느냐이다.

고객들이 굳이 샘플을 받아 보려는 목적으로 매장을 방문하는 것은 번거로 운 일이다. 버치박스는 이러한 소비자 욕구와 공급방식 간의 갭을 파악하고 그 둘을 잇는 다리를 자처했다. 이러한 기발한 아이디어는 창업자인 헤일리 바나 와 캐시아 보챔프에게서 나왔다. 하버드대 경영대학원에 재학 중이던 두 여성 은 2010년 9월, 뉴욕에서 버치박스를 창업하여 다양한 방면으로 사업을 확장하 였다.

창의적 문제해결
Creativity

🍃 무료 샘플을 원하는 고객에게 직접 전달하는 연결 시스템이 답이다

버치박스의 아이디어는 화장품 및 퍼스널 케어 제품의 쇼핑에 고민하고 있는 소비자들에 주목하여 시작되었다. 소비자의 효율적인 선택을 위해 팽창하는 온라인 쇼핑과 시연 서비스를 적절히 결합하는 창의적 아이디어로 새로운 유통 플랫폼을 형성한 것이다.

버치박스는 월 또는 연 단위 회원으로 가입한 회원에게 유명 브랜드 화장품을 미니어처 형식으로 핑크색 박스에 포장하여 배달한다. 샘플 키티를 받아 본 소비자가 제품을 써 보고 최종 상품의 구매를 결정하는 'Try-Learn-Buy'식 서비스를 제공하는 것이다. 1년에 110달러 혹은 월 10달러를 내면 전문 MD가 프리미엄 브랜드의 럭셔리 화장품 미니어처 4~5개를 컨셉에 맞게 구성해 배송해 준다.

앱으로 본인의 선호도를 입력하면 5개월간 매월 버치박스가 배달되며, 샘플 이용 후 정식 제품을 구매하게 되면 10%의 머니백(money back)이 제공된다. 첫 회는 무료 발송되고, 두 번째 달부터는 본인이 원하는 샘플을 하나씩 추가할 수 있다.

버치박스의 마케팅 전략 또한 다양하다. 1인 가구 확대 등의 트렌드에 발맞춰 스스로에게 주는 '선물'이라는 느낌을 살린 서비스이기 때문에 시각적 즐거움까지 놓치지 않고 박스 디자인에도 세심한 신경을 쓰는 한편, 웹/모바일 회사라는 특성을 살려 SNS 채널 관리도 효율적으로 하고 있다.

🍃 고객과 기업의 수요와 공급을 맞춘 화장품 샘플회사를 창립

구현
Invention

창업 2년 뒤에는 'Birchbox Man'을 론칭해 남성 화장품으로 카테고리를 확장하였다. 또 프랑스 파리에 있던 동종 업체 '졸리박스(JolieBox)'를 인수하며 프랑스, 영국, 스페인 및 벨기에 등 유럽 4개국 시장으로 확대 진출하였다.

2014년엔 뉴욕 맨해튼에 첫 오프라인 매장을 오픈하였다. 버치박스 오프라인 매장은 고객들이 신상품을 체험하고, 전문가의 조언도 들을 수 있는 쇼핑 및 라이프스타일 공간을 지향하고 있다. 헤어, 네일, 메이크업 서비스가 제공되고, 뷰티용품과 메이크업 강좌도 마련되어 있다.

매장에는 대략 250개 브랜드의 2천여 개 제품이 진열되어 있다. 진열은 브랜
드가 아니라 제품 카테고리별로 구분되어 있으며 이곳에서도 15달러를 내면 나
만의 버치박스를 구성할 수 있다.

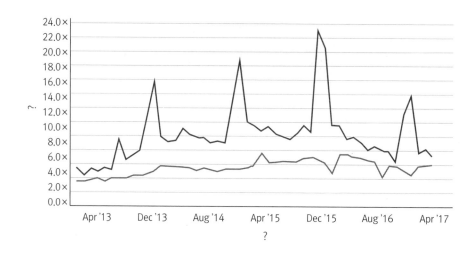

인스타그램 43만 7천 명, 페이스북 166만 8천 명 등의 팔로워를 보유하고 있
는 버치박스는, 초기 수익은 높지 않았지만 2016년 손익분기점을 넘어서면서
기업가치가 무려 4억 8천만 달러로 평가되기에 이르렀다. 버치박스의 성공에
이어 비슷한 종류의 다양한 맞춤 배달 서비스가 점점 늘어나고 있다.

사회적 임팩트
Social Impact

제조사와 판매사의 유통 혁신을 통한 소비자 중심의 독점적 서비스 문화 확산

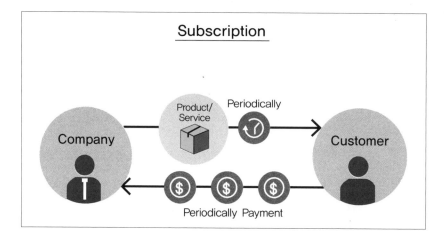

버치박스의 성공은 뷰티 외에도 식료품, 와인, 취미나 식성 등 특정 생활방식을 겨냥한 서브스크립션 업체들이 우후죽순으로 생겨나게 하고, 또 이런 구독-배달 모델이 산업 전반으로 확대되는 계기를 만들어 내었다.

버치박스를 계기로 현재 미국 시장 내 서브스크립션 기업들은 소비자의 다양한 요구에 맞춰 더욱 세분화된 큐레이션을 제공하게 되었다. 예를 들면, 피부 타입에 따라 구성 화장품을 지성 혹은 건성으로 고를 수 있는 식이다. 또한 정기 구독을 하지 않아도 인기 제품을 접할 수 있도록 다수의 서브스크립션 업체들은 비구독 서비스도 함께 제공하게 되었다.

버치박스의 사례는 뷰티계의 유통 혁신을 보여 주고 있다. 이러한 사업모델로 인해 제조사와 판매사 사이에서 권력이동이 이루어지고 있다. 또한, 온라인 판매채널과 마찬가지로 제조사가 중간단계 없이 최종 소비자와 접촉할 수 있는 플랫폼을 열 수 있게 되었다.

16 문화 예술 앙트러프러너십 사례

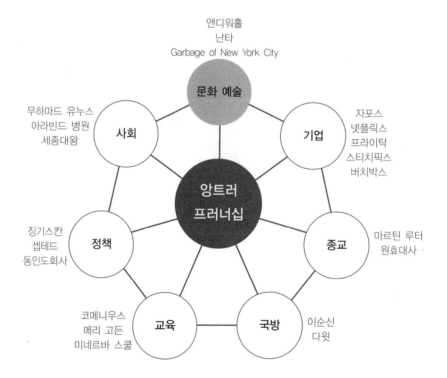

1. 일상을 예술로 만든 예술가, 앤디 워홀

CAMPBELL'S SOUP CANS, 1962

앤디 워홀이 1962년 로스엔젤레스 페루스 갤러리에 〈Campbell's Soup Cans〉를 전시하면서 한 말은 이랬다. "지난 20년간 캠벨 수프가 점심 메뉴에서 빠진 적이 없다. 그리고 앞으로도 똑같은 일을 되풀이할 것이기 때문에 캠벨 수프를 다루었다." "나는 미술이 선택받은 소수의 사람들을 위한 것이라고 생각하지 않는다. 미술이 일반 대중을 위한 것이어야 한다고 생각한다." 이로써 앤디 워홀은 누구나 즐길 수 있는 대중적인 예술 '팝 아트'의 창시자가 되었다.

공감적 문제발견
Empathetic Problem

예술은 선택받은
소수의
전유물인가?

창의적 문제해결
Creativity

'무엇을, 어떻게, 왜'
모든 게 다른 예술

구현
Invention

'실크스크린' '팩토리' '조수'
예술의 대량생산 시스템

사회적 임팩트
Social Impact

예술이냐 상업이냐,
예술의 패러다임을
바꾸다.

공감적 문제발견
Empathetic
Problem

🐟 예술은 선택받은 소수의 전유물인가

"내가 미국이 대단하다고 생각하는 이유는 부자나 가난한 사람이나 똑같은 것을 소비한다는 점이다. 우리는 TV를 보고 코카콜라를 마신다. 대통령이나 엘리자베스 테일러나 우리나 똑같은 코카콜라를 마신다. 코카콜라는 코카콜라일 뿐이다. 돈을 더 준다고 더 나은 코카콜라를 마실 수 없다."

DOLLAR SIGN(1982)

앤디 워홀의 예술철학을 극명하게 드러내는 말들이다. 앤디 워홀이 성공을 거둔 이유는 대중의 마음을 사로잡았기 때문이다. 워홀은 일반 대중의 마음속에 자리 잡고 있던 고급 예술에 대한 위화감을 넘어 공감하는 작품 활동을 했다. 예술가는 '돈'에 무관심하고 고고한 척해야 한다는 선입견을 무너뜨리고 돈에 대한 욕망을 솔직하게 표현하며 예술을 비즈니스화하였다. 또한 겉과 속이 다른 이중성을 고발하는, 눈에 보이는 그대로를 작품으로 만듦으로써 대중의 쾌감을 불러일으킨다.

"지루한 것을 좋아한다. 똑같은 것들이 계속 반복되는 것이 좋다."

"그저 일상적인 것을 좋아한다. 그것들을 그릴 때 특별하게 그리려고 하지 않고 지극히 평범한 것으로 그리려 할 뿐이다."

"당신이 앤디 워홀의 모든 것을 알고 싶다면, 그냥 내 그림과 영화의 표면을 보고 나를 보라. 그러면 거기에 내가 있다."

🍂 '무엇을, 어떻게, 왜' 모든 게 다른 예술

창의적 문제해결
Creativity

앤디 워홀은 무엇을 표현할지, 어떻게 창작할지 왜 예술을 하는지, 모든 면에서 기존의 예술과 달랐다.

무엇을? 예술의 경계를 허물다

앤디 워홀은 예술이 고상하고 위대한 것이라는 편견을 깨고 가장 대중적이면서 일상적인 것을 예술로 만들었다. 대량생산과 대중소비의 사회에서는 질 좋은 상품이 상점에 넘쳐나고, 누구나 콜라나 햄버거를 먹을 수 있으며, 그 맛은 영국여왕에게나 길거리 행인에게나 동일했다. 그런 대중 소비 사회의 대량성, 대중성, 소비성 그 자체를 보여주듯, 슈퍼 진열장에 가득 놓인 수프 캔, 코카콜라 병, 세제 박스, 미디어에 출연하는 대중 스타와 정치인, 뉴스거리를 그대로 소재로 삼았다. 순수, 전통, 형식주의적인 기존 예술을 조롱하듯 팝아트의 선두에서 순수예술과 대중예술, 고급예술과 저급예술, 예술과 상업의 경계를 허물었다. 앤디 워홀의 팝아트는 '좋은' 취향과 '나쁜' 취향이라 구분 짓는 경계선을 없앴다.

COCA-COLS 5 BOTTLES(1962)

어떻게? 대량생산되는 예술 작품

워홀은 예술을 생산하고 판매하는 방식에서 기존의 것을 파괴했다. "회화는 너무 힘들다. 내가 보여 주고 싶은 것은 기계적인 것, 난 기계가 되고 싶다."라고 했던 워홀은 동일한 오브제를 격자형 구조로 반복 배치하고 한 캔버스에 같은 이미지를 실크스크린으로 찍어 냈다. 그의 작업실은 '팩토리'로 불렸다. 공장이라는 이름에 걸맞게 실크스크린으로 똑같은 작품을 기계적으로 찍어 내어 여러 개를 팔았다. 마치 조립생산라인에서 대량생산되는 상품같이. 앤디 워홀은 조수들을 고용하여 찍어 내게 함으로써 개인의 창조성이라는 개념도 거부했다. 화실에서 혼자 힘들게 작업하던 기존 예술가들의 이미지와는 확연히 다르다. 예술가의 창조적 독창성, 유일성, 미학적 서열, 권위를 뒤엎는 파격적인 예술 창작(생산)방식이다. 한편으로 오늘날 원본과 구별 없는 복제품이라는 디지털 시대의 예술성을 실천한 선구자라 평가되기도 한다.

왜? 비즈니스가 된 예술

"돈 벌기는 예술이고 일하기도 예술이며 좋은 사업은 최고의 예술이다."

MARILYN MONROE(1967)

앤디 워홀은 돈을 벌기 위해 예술하는 것은 잘못된 것이라는 관념을 거부했다. 그는 미술로 유명해졌고, 인기를 얻어 돈을 많이 벌었고, 또 더 많은 돈을 벌기 위해 예술을 했다. 광고를 전공해서 상업 디자이너로 일하다가 전업 예술가로 전직했던 앤디 워홀은 가난한 유년시절 때문이었던지 '돈'과 '명성'에의 욕심이 컸다. 20세기 생전에 성공한 예술가는 피카소와 앤디 워홀뿐이라는 말이 있듯이 앤디 워홀은 상업적으로 대성공을 거두고 부와 유명세를 얻었다. 유명해진 후에도 유명세를 더욱 높이기 위해 파티를 열고 인맥을 넓혔다. 인기를 끌만한 작품을 감각적으로 기획하는 힘이 탁월했다. 스타와 정치, 사고, 죽음은 그의 단골 메뉴였다. 1967년 마릴린 먼로 작품도 그렇게 탄생했다. 실크스크린으로 작품을 대량생산하는 것은 비싼 작품을 복제해서 여러 개 팔기에 유용했다.

🍃 '실크스크린' '팩토리' '조수' 예술의 대량생산 시스템

구현
Invention

　예술의 대중화, 대량생산이라는 그의 파격적인 생각은 '실크스크린'과 '팩토리' '조수'같은 시스템으로 발현되었다. 워홀은 선에 잉크를 실어 종이에 전사하는 '브로테드 라인'(burottedo line)이라는 대량 인쇄에 적합한 기술을 발명했고, 1962년부터는 실크스크린 기법으로 제품을 양산했다. 실크스크린은 얇은 실크 천을 이용해 짧은 시간에 수십 점의 이미지를 찍어 내는 판화 기법으로, 워홀은 손이 많이 가는 예술가의 노동집약적인 수고에서 벗어났다. 또한 기계적으로 똑같이 복제가 되었기 때문에 본인이 아닌 조수가 제작해도 익명성이 보장되었다. 워홀은 '예술노동자'들을 고용하여 뉴욕에 있는 그의 스튜디오 '팩토리(The Factory)'에서 판화, 신발, 영화, 책 등을 만들어 냈다.

앤디 워홀의 작업장, 팩토리

예술의 독창성, 유일성, 아우라라는 관념에서 탈피하여 예술작품의 대량생산 시대를 열었다. 실제로 '마릴린 먼로'의 작품은 총 250점이나 찍어 냈다. 게다가 작품의 원본도 직접 그리지 않고 사진을 복제했다. 복제의 복제인 셈이다. 어떻게 보면 요즘 'copy & paste' 방식의 디지털 아트를 보는 듯하다. 시간과 노력이 들지 않는 표현 방식의 혁신은 보다 자유롭고 많은 작품 활동을 할 수 있는 동력이 되지 않았을까?

사회적 임팩트
Social Impact

🐏 예술이냐 상업이냐, 예술의 패러다임을 바꾸다

FLOWER(1970)

가게에 널린 상품의 상표를 실크스크린으로 똑같이 찍어 내고, 눈에 보이는 무엇이든 예술품이 되게 만든 앤디 워홀은 '예술의 종말'(아서 단토)을 선언하게 만들 만큼 예술의 패러다임을 바꿔 놓았다. 더 이상 예술과 상업, 순수 예술가와 대중 스타, 원본과 복제품 논쟁은 시대착오적이며 고리타분한 것이 되었다. 예술에서 순수함과 진지함이 사라지고 세속주의와 상업주의가 판을 치게 했다는 비난도 있을 수 있으나, 누구보다 시대를 앞서 미래를 읽으며 탁월한 성공을 거두었다는 사실을 부정할 수는 없을 것이다.

2. 난타, 뭐든 두드리면 음악이 된다

출처: ticket.yes24.com

한국의 비언어(non-verbal) 퍼포먼스인 〈난타〉(영어 제목 'Cookin')는 '요리'라는 소재를 '두드림'이라는 형식으로 표현한 공연이다. 1997년 국내 무대에 처음 등장한 이래 최장기 공연, 최대 관객 동원 기록(2009년 10,000회 공연 돌파)을 수립하며 한국 공연예술계에 한 획을 그은 작품으로 평가된다. 〈난타〉는 해외 첫 진출 무대인 1999년 에딘버러 프린지 페스티벌에서 최고의 평점을 받은 이후 2003년 미국 브로드웨이 뉴 빅토리 극장에서 첫 공연을 하였고, 2004년 3월 오프브로드웨이 미네타 레인 극장에서 아시아 최초로 전용관을 개관하여 1년 6개월간 공연되었다. 한국에서도 2011년 기준 4개의 전용관(홍대, 명동, 강북 정동, 제주)에서 연중 상설공연 중이며, 연간 외국인 관람객 약 38만 명이 관람하고 있어 명실공히 한국을 대표하는 문화 관광상품으로 자리 잡고 있다.

공감적 문제발견
Empathetic Problem

우리 공연예술도
세계 무대에서
통할 수 있을까?

창의적 문제해결
Creativity

문화콘텐츠에
마케팅을
접목하다.

구현
Invention

콘텐츠, 인재, 조직,
네트워크의 혁신으로 뒷받침

사회적 임팩트
Social Impact

보편화된 난타,
사회적 포지셔닝이
바뀐 단어

공감적 문제발견
Empathetic
Problem

🐾 우리 공연예술도 세계 무대에서 통할 수 있을까

문화예술 산업은 높은 부가가치를 창출하는 대표적 지식산업으로 각광을 받아 왔다. 국내에서도 영화, TV 드라마, 온라인게임 등의 분야에서 국제 경쟁력을 갖춘 상품들이 등장해 왔다. 그러나 공연예술 분야는 인프라 부족과 규모의 영세성으로 해외 수입 작품들이 주류를 이루었으며, 세계무대에서 성공한 국내 작품은 드문 상황이었다. 난타는 이러한 척박한 환경에서 한국 창작 콘텐츠가 세계무대에서도 통할 수 있다는 것을 증명했다. 그것은 바로 글로컬 비주얼 문화콘텐츠의 요소를 갖춤으로써 보편적이고 대중적인 호응을 받았기 때문이다.

난타 홈 이미지

세계적인 킬러콘텐츠를 위한 첩경은 글로컬 개념에 기반을 두고 비주얼 컬처라는 포맷으로 문화콘텐츠를 기획, 제작, 유통하는 것이라 할 수 있다. '글로컬라이제이션(glocalization)'은 세계적인 문화를 추구하면서도 동시에 지역의 문화나 풍토를 존중하고 이해하자는 개념이다. 이는 지역사회가 지역 문제해결의 주체가 되어야 한다는 지역화(regionalisation) 내지는 중앙의 권력을 지방으로 이양하는 것이 옳다는 지방화(localization) 개념과 상통한다. 그리고 '비주얼 컬처(visual culture)'라는 시각 문화는 비주얼 기술과 매체를 늘 대면하고 있는 수요자들이 직접 눈으로 보고 소비하는 시각 및 영상과 관련된 모든 종류(미술, 공예, 디자인, 영화, 애니메이션, TV, 비디오게임, 인터넷 웹사이트, 사진, 광고, 패션, 건축, 테마파크, 공연예술, 비디오아트 등)의 문화를 의미한다.

세계인들의 인기와 반향을 얻고 있는 킬러콘텐츠들은 대부분 글로컬 특성을 띠고 있으며, 비주얼 컬처 영역에 속해 있다. 글로컬 개념과 비주얼 컬처의 결합으로 성공한 예가 미국의 할리우드 영화나 일본의 재패니메이션, 한국의 한류 드라마 등이다. '난타'는 글로컬 비주얼 컬처에 꼭 맞게 부응함으로써 한국의 공연예술을 세계화하는 데 성공했다.

문화콘텐츠에 마케팅을 접목하다

공연예술의 세계화에 대한 가장 큰 장애는 언어장벽과 마케팅이다. 〈난타〉는 언어의 차이를 극복하기 위해 비언어 공연이라는 형식을 선택하였고, 만국 공통의 소재인 요리를 모티브로 하였으며, 한국적인 특성을 갖추기 위해 사물놀이 장단을 도입하였다. 그리고 마케팅을 위해 세계적인 배급망을 갖춘 전문 업체 브로드웨이 아시아와 전략적 제휴 관계를 맺고, 세계 최대의 공연물 시장인 에딘버러 페스티벌을 통해 해외 무대에 데뷔하였다. 또한 전용극장 제도를 도입하고 외국 관광객 유치에 성공함으로써 탄탄한 경영기반을 다졌다.

서울 정동 난타 전용관

〈난타〉는 당시 국내에 실험연극계의 신조류로 등장한 '비언어적 공연(non-verbal performance)'이란 장르의 형태로 도입되어 화제가 되었다. 오프브로드웨이에서 장기 흥행에 성공한 〈스톰프(Stomp)〉와 〈튜브(Tubes)〉등 비언어적 공연의 특성을 벤치마킹함과 동시에, 한국의 고유 리듬이자 소리인 사물놀이를 피아노, 재즈 등의 현대적 공연 양식에 접목하는 독창적인 시도가 돋보인다. '한국을 찾은 관광객들이 원하는, 한국적이면서도 너무 무겁거나 진지하지는 않은 공연'이었기에 가능했다는 시각도 있다. 고급 레스토랑의 주방, 서양인들이 좋아하는 음식 투척 싸움(food fight), 결혼 피로연, 낙하산 인사 등의 소재와 내용들이 잘 결합되었기에 가능했다는 평도 있다. 한국적 소재, 줄거리, 공연 양식 등이 서양인들의 문화는 물론 인류 보편의 문화에도 잘 연결되었기에 한국이 세계에 내놓을 수 있는 대표적 공연예술로 자리매김할 수 있었던 것이다.

난타 기획사인 PMC 프로덕션은 난타의 인지도를 높이고 브랜드 가치를 향상시키기 위해 장기적이고 체계적인 전략을 전개하고 있다. 우선 작품제목을 간결하고 쉬운 어감의 '난타'로 정했다. 이는 마구 두들긴다는 뜻이므로 한자권 국가에서는 그 이름으로도 타악기를 이용한 공연임을 짐작할 수 있다. 또, 영어 제목인 '쿠킹'은 요리라는 뜻 외에 공연자들이 공연에 몰입해 황홀경에 빠진 상태를 의미하기도 한다. 그러므로 이름만 들으면 전 세계 누구나 쉽게 극의 내용과 이미지를 떠올릴 수 있다. 또한 제목 로고를 깨지는 글자체로 만들어 한 공간에서 야단법석이 일어나는 내용이라는 것을 암시하였다

난타는 해외유통에서의 부족한 역량을 보완하기 위해 '브로드웨이 아시아'와 전략적 제휴관계를 맺고 마케팅 노하우를 전수받았으며, '쇼 닥터(show doctor)'를 수용하여 작품의 완성도를 높였다. 뉴욕 브로드웨이나 영국의 웨스트엔드에는 〈레미제라블〉, 〈캣츠〉, 〈오페라의 유령〉, 〈미스 사이공〉 등 장기 공연을 하는 작품이 꽤 많다. 이들 작품이 장기 공연되고 있는 것은 외국 관광객 덕택이다. 국내 대부분의 공연 제작자들이 이미 알고 있는 사실이었지만, 사업과 연결시키지 못했던 것을 PMC 프로덕션은 유연하고 수평적인 사고를 함으로써 지식을 사업으로 연결시켰다.

또한 PMC 프로덕션은 안정적 수익구조의 지속적 확보를 위해 국내에서 공연산업 최초로 전용극장을 설립, 유통 구조상의 취약점을 보강하였다. 이렇게 콘텐츠와 마케팅에서의 획기적 전환을 했기에 '난타'는 성공을 거뒀다.

구현
Invention

콘텐츠, 인재, 조직, 네트워크의 혁신으로 뒷받침

〈난타〉의 혁신성은 콘텐츠, 인력, 조직, 네트워크 등 여러 요소에서의 뒷받침으로 성공에 이르게 되었다.

먼저, 〈난타〉는 주방 용품인 칼, 도마, 냄비, 프라이팬, 접시 등의 모든 도구를 이용하여 강렬한 전통 리듬을 만들어 냈다. 일상의 도구와 소품을 두드려 소리를 내는 파워풀한 연주는 색다른 볼거리이다. 또한 관객이 직접 무대에 오르는 등 관객 참여도가 높은 것도 강점이다. 관객들은 깜짝 전통혼례의 신랑신부가

되거나, 만두 쌓기 게임에서 열심히 경쟁을 하기도 하고, 배우와 함께 리듬 만들기에 참여하기도 한다. 관객들은 스스로 극에 흥을 돋우고 공감하며 짜릿한 즐거움에 빠져들게 된다.

그리고 〈난타〉는 브랜드, 출연진, 무대, 의상, 조직구조 등 중요 요소를 단순화시켰다. 〈난타〉의 출연진은 주방장, sexy guy, female, nephew, 지배인 등 5명이다. 또한 별다른 무대 장치가 없어 인건비가 아주 싸고 무대장치와 의상도 매우 저렴하다. 이러한 단순함은 공연 자체의 높은 수익성을 보장할 뿐만 아니라 빠른 복제를 가능케 했다.

〈난타〉 제작진은 역량 위주로 인재를 등용하고 전문성을 효과적으로 관리했다. 대부분의 기획사들이 지명도에 의존하여 배우를 초빙하는 데 반해 공개 오디션을 통해 배우를 뽑았다. 또한 'Be the first to make it!'이라는 슬로건에서 보듯 완벽한 공연을 목표로 하였다.

팀과 조직 내에서의 수평적 사고와 적극적이고 협조적 분위기 조성에 힘을 기울였다. 개성이 강한 스태프들 각자가 다들 정예라는 자긍심을 갖게 하고, 경영진부터 유연한 사고로 고정관념을 탈피함으로써 창의적이고 기발한 여러 아이디어가 팀 내에서 적극적으로 나오게 했다. 또한 국내외 여러 인적·물적 네트워크를 잘 활용하여 필요한 재원을 확보했다. 기존의 공연예술계와 달리 기획단계부터 경영 마인드를 가지고 여러 요소에서 전문적으로 운영한 것이 성공의 밑거름이 되었다.

🌿 보편화된 난타, 사회적 포지셔닝이 바뀐 단어

사회적 임팩트
Social Impact

글로컬 문화콘텐츠로 분명하게 규정될 수 있는 〈난타〉는 한국인뿐만 아니라 외국인에게도 무척 친근한 공연이다. 2000년에 한국 최초로 전용관을 개관하여 공연하기 시작했으며, 2001년에 우리나라 문화 상품 수출 사상 최고 개런티인 400만 달러를 받고 북미 55개 도시에서 11개월간 순회공연을 하였다. 2002년에는 로스앤젤레스와 하와이에서, 2003년에는 뉴욕 브로드웨이 뉴 빅토리 극장에서 공연하였다. 2004~2005년에는 1년 6개월 동안 뉴욕의 오프브로드웨이 미네타 레인 극장에서 아시아 최초로 전용관을 개관하여 638회를 공연하였다. 〈난타〉는 이탈리아, 스페인, 호주, 인도네시아, 사우디아라비아 등 43개국 280개 도시에서 3,500여 회 이상 공연되었으며, 태국의 방콕에서는 전용극장을 빌려 상설 공연되고 있다. 현재는 국제 기구의 회의나 행사에도 초청되어 공연될 정도로 위상이 높아졌다.

2003 뉴 빅토리 극장 공연

2004 미네타 레인 극장 공연

〈난타〉의 성공으로 '난타'라는 단어의 사회적 포지셔닝이 달라졌다. '마구 두드린다'라는 의미의 일반 단어였던 '난타'는 공연 〈난타〉로 인해 고유명사화되었으며, 공연이 크게 성공함에 따라 다시 보통명사화되었다.

또한 일상에서 흔히 볼 수 있는 물건들이나 북을 두드리는 형태의 공연이 사회 전반에 보편화되는 상황 또한 발생하였다. 유치원생들의 재롱 잔치, 학생들의 학교 축제, 아마추어 공연가들의 시장 및 거리 공연, 지역 축제 등에서 '난타'라는 같은 이름의 공연이 자주 등장하고 있다. 원래의 〈난타〉 공연처럼 주방이나 요리사, 음식 재료들이 반드시 등장하지 않아도, 타악기 공연과 박자만으로도 간이 난타 공연이 될 수 있는 분위기가 만들어진 것이다. 〈난타〉의 유행에 힘입어, 일반인으로 구성된 수많은 난타 공연팀들이 만들어졌으며, 난타 지도사, 장애인 난타 재활사 자격증도 생겨났다. 또한 '난타'가 사회화, 대중화되면서 승무 난타, 댄스 난타 등 다양한 방식으로 변형되었다. 북을 치는 난타가 취미 및 건강에 좋다는 속설까지 생겨나 전국의 문화센터에서 각종 난타 교육 프로그램을 만들어 시행하고 있기도 하다. 지방자치단체들은 난타 경연대회를 활용하여 지역 주민들의 단합을 도모하고 있다. 〈난타〉라는 개념으로 수렴될 수 있는 여러 다양한 문화적 이미지들의 복합화 및 혼종화 현상이 동시다발적으로 발생하게 되었다.

영등포공고 난타 동아리 '리듬 앤 스쿨'

'난타'라는 단어는 이제 타악기 공연의 대명사로 국내외적으로 널리 인정받고 있다. 난타가 전통 국악과 다시 접목하면서 국악을 대중화하는 현상도 발생했다. 공연 〈난타〉의 세계적이고 지속적인 성공에 따라 여러 형태의 퓨전 공연, 타악기 공연, 비언어 공연 등이 계속해서 만들어지고 시도되는 국면이 조성되었다.

3. 봉이 김선달 NYC Garbage 작가, 저스틴 지낙(Justin Gignac)

MoMa 앞에서 쓰레기를 판매하는 Gignac 기사(2001. 12. 27. 뉴욕타임즈)

파격적인 창의의 세계가 예술의 세계이다. 여기 또 하나의 파격적 예술 작품이 있다. 땅바닥에 마구 굴러다니는 쓰레기를 직접 손으로 주운 것이라고 표시하고 서명해서 예쁘게 포장해서 작품으로 판매하는 예술가가 있다. 21세기 예술계의 앙트러프러너 저스틴 지낙(Justin Gignac)이 그 주인공이다. 그의 작품은 2001년부터 지금까지 전 세계 30여 나라에 1,400여 개가 팔리고 있나. 처음에는 하나에 10날러 하년 것이 지금은 오리지널 판이 50달러, 한정판은 100달러로 팔린다. 비결이 뭘까?.

공감적 문제발견
Empathetic Problem

판에 박힌 흔한
기념품 말고
특별한 것 뭐 없나?

창의적 문제해결
Creativity

마이너스 가치를
플러스 가치로!

구현
Invention

관건은 포장이야!

사회적 임팩트
Social Impact

무용한 것에서
유용함을 발견하는 힘은
앙트러프러너의 기초역량

🍃 판에 박힌 흔한 기념품 말고 특별한 것 뭐 없나

여행지에 가면 누구나 기념품 고르는 게 여간 고민이 아니다. 일생 한 번뿐인 여행일 수도 있고 자주 가지 못하는 고향일 수도 있다. 그만큼 자신의 추억을 고스란히 담을 수 있는 독특한 기념품을 찾기 마련이다. 하지만 기념품 가게에는 공장에서 찍어 낸, 어디서나 흔하게 볼 수 있는 기념품뿐이다. 판에 박힌 흔한 기념품이 아닌 '그때 그곳의 시공간 기억을 떠올리게 하는 오리지널 흔적'은 그 누군가에게 특별한 추억과 향수가 담긴 기념품이 될 수가 있다. 즉, 뉴욕의 특별함을 간직하고 싶은 사람들의 욕구에 대한 공감적 이해가 특별한 소재에 대한 재발견으로 이어지게 된 것이다.

다양한 NYC Garbage 작품들

🍃 마이너스 가치를 플러스 가치로

플로리다에서 플로리다 해변 모래를 병에 담아 파는 것을 본 뉴요커 지낙은 뉴욕을 대표할 만한 게 뭘까 곰곰이 생각했다. 전 세계 에너지 소비율 1위, 쓰레기 배출량 1위라는 메가시티 뉴욕의 거리에 순간순간 쌓였다 치워지는 막대한

양의 쓰레기. 지낙은 '뉴욕의 쓰레기'야말로 세계 최대 메가시티인 뉴욕의 단면을 보여 주는 자취일 수 있다는 것을 발견했다. 더군다나 글로벌한 정치, 경제, 문화 이벤트가 열리는 날의 쓰레기는 더 특별한 흔적을 남긴다. 뉴욕에서 어느 특별한 날의 기억은 그 날 그 장소에 버려진 쓰레기로 저장된다. 쓰레기는 타임캡슐이 된다. 즉, 저스틴 지낙의 '뉴욕 쓰레기'는 버려진 것이라는 마이너스 가치를 기억할만한 것이라는 플러스 가치로 재해석해서 새로운 가치를 만들었다.

구현
Invention

🐝 관건은 포장이야!

'뉴욕 쓰레기'는 예쁜 아크릴 상자에 담겨 판매된다. 상자 표면에는 '뉴욕 씨티의 쓰레기' '100% 진짜' '뉴욕 시티의 길거리에서 직접 손으로 수거했음(hand-picked)' 등의 안내 문구도 쓰여 있다. 각 상자마다 쓰레기가 수거된 장소와 시간, 고유번호를 매겨 판매한다. 팔린 작품은 '뉴욕 쓰레기' 홈페이지에서 구글맵에 표시된다.

저스틴 지낙이 쓰레기를 포장해 팔기 시작한 것은 함께 일하던 동료가 "패키지 디자인은 별로 중요하지 않다."고 말하자 그 생각이 틀렸음을 증명하고자 한

데서 비롯된다. 누구도 사지 않을법한 것도 포장만 잘하면 팔 수 있다는 것을 증명해 낸 것이다. 아무리 향수를 불러일으키고 기념할 만한 흔적이라도, 그게 더럽고 추하다면 상품성이 없을 것이다. 저스틴 지낙은 아트 디렉터답게 시공간의 특색을 드러낼 쓰레기를 모아서 깨끗이 소독한 후 예쁜 아크릴 큐브에 감각적으로 배치하여 기념품으로 손색이 없을 만한 작품으로 만들어 냈다.

버려진 맥주캔, 깨진 콜라병과 접시, 담배꽁초와 각종 플라스틱 백, 쓰고 버린 일회용기 등 뉴욕 거리에서 발견되는 쓰레기들로 콜라주 작품이 탄생했다. 오바마 대통령 취임식이나 게이 커플의 결혼식, 양키 스타디움에서 열린 월드시리즈 경기 등 특별한 행사나 사건을 기념하기 위한 한정판은 역사적 가치를 담은 아름다운 타임캡슐 같다.

🫁 무용한 것에서 유용함을 발견하는 힘은 앙트러프러너의 기초역량

앙트러프러너란 창조적 파괴를 통한 새로운 가치의 창조자이다. 저스틴 지낙은 아무 가치 없는 것으로 여겨지던 쓰레기를 재해석하여 특별한 장소와 시간에 대한 경험과 기억이 담긴 문화상품으로 만들었다는 점에서 새로운 예술, 새로운 일상, 새로운 상품을 창조해 냈다. 무용한 것에서 유용함을 발견하는 힘은 모든 분야의 혁신을 위한 앙트러프러너의 기초역량이다.

사회적 임팩트
Social Impact

뉴욕 쓰레기 큐브를 들고 있는 저스틴 지낙

부록

부록 1 앙트러프러너십 역량개발 사례

부록 2 개인의 앙트러프러너십 점검표

부록 3 앙트러프러너십 프로그램의 사후평가

부록1 **앙트러프러너십 역량개발 사례**

1 공감적 문제발견

이 책에서는 공감적 문제발견을 위한 실행요소로 관찰, 인터뷰, 현장체험을 제시하였는데 이러한 방법들은 다양한 형태로 변형하여 실행될 수 있다. 수업사례는 상호인터뷰 방법을 활용하여 팀 내에서 공감적 문제를 발견하고 정교화하였다.

② 커리어앵커를 활용한 팀 빌딩

팀빌딩 2018년 11월 5일 실행자: 이상훈

팀명	also	
팀 목표	열심히 참석해서 1등 하기 자유로운 대화로 통해	
팀 약속	1. 다 같이 참여하기 2. 지각 할 때 이거 연락하기 3. 쫌들 하지 않기	
팀 구호	자유는 용소 ~!	
팀원 이름	할 일	커리어앵커
이상훈	조장, 아이디어내기	SE/LS
임민지	서기, 프린터, 아이디어내기	AU/LS
조수빈	타임키퍼, 피피티 엥수안잠기 아이디어내기	SE/LS

팀빌딩 2018년 11월 5일 실행자:

팀명	빅 피처.(큰그림) → 사물의 큰 그림을 보아야 가처름 창출할 수 있다.	
팀 목표	사람이 큰 가치다 → 이 세계는 사람에 의해 돌아갈 수 있기 때문에, 사람을 먼저 성장하는 것이 큰 이윤창출과 라이프스타일로 옮길 수 있다고 생각하였습니다.	
팀 약속	→ 매주 율요일 돌아가면서 서기 → 지각하지 않기, 수업경기 → 의견 내기, 딴짓 안하기.	
팀 구호	사람이 미래다!♡♡ → 저희는 사람이 가장 중요하기 때문입니다. 왜냐하면 사람이 없는 사회는 돌아가지 않기 때문입니다.	
팀원 이름	할 일	커리어앵커
이려석	리더. 아이디어. 발표. 타임키퍼	LS
이지형	PPT. 아이디어. 정점 쫒기	LS
이다흠	PPT. 아이디어. 단점 책기	LS.

앙트러프러너십 활동은 공감적 문제발견에서 시작하여 창의적 문제해결, 구현, 사회적 파급까지 이어지는 과정이며 팀으로 진행될 때 가장 효과적이다. 팀을 구성할 때는 커리어앵커를 활용한 팀 빌딩을 추천한다. 팀 빌딩 시 교수자는 커리어앵커별로 적절한 배치를 통해 시너지 효과를 낼 수 있게 퍼실리테이터로서의 역할을 수행하여야 한다. 또한 커리어앵커의 특성을 간단히 소개하고 팀원들 간에 자신의 앵커를 공유하여 서로 조화롭게 팀 활동을 할 수 있도록 이끌어야 한다.

③ 창의적 원인 분석

이 책에서는 창의적 원인 분석을 위한 실행 방법에 Lotus Blossom, Why-Pie, 고객과의 만남 등을 소개하였다. 수업사례는 Why-Pie 툴을 활용하여 도출된 공감적 문제에 대한 심도 있는 원인을 분석하였고, 더 나아가 히트 기법을 활용하여 여러 가지 원인 중 가장 핵심적인 원인을 도출해 내었다.

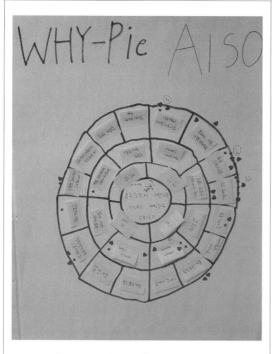
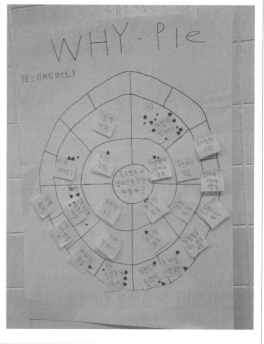

4 혁신적 솔루션 개발

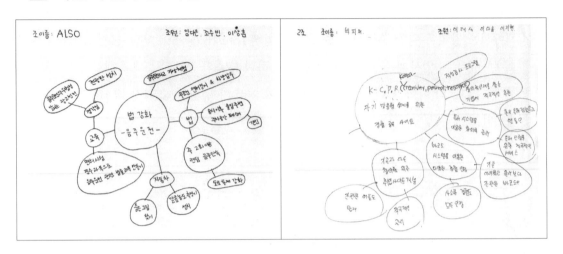

이 책에서는 혁신적 솔루션을 개발하기 위한 다양한 방법을 소개하였다. 예를 들어, 사고확산을 도와주는 브레인라이팅(Osborn, 1953), 스캠퍼(Osborn, 1953), 시네틱스(Gordon, 1961), 익명그룹기법(King, 1998), 여섯 색깔 사고모자(Bono, 1999) 등이 있었다. 수업사례에서는 스캠퍼, 시네틱스 등을 활용하여 학생 상호 간의 인터뷰를 통해 혁신적 솔루션을 도출했고, 마인드맵을 통해 아이디어를 명료화하였다.

5 비즈니스 모델 캔버스(BMC)

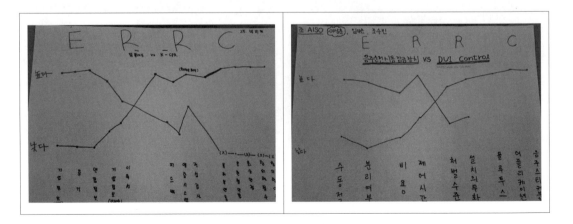

이 책에서는 아이디어를 구현하기 위한 방법으로 비즈니스 모델 캔버스 작성방법을 소개하였

다. 수업사례에서는 비즈니스 모델 캔버스 작성을 ERRC 전략 캔버스 작성 활동으로 간소화하였다. E는 Eliminate(제거), R은 Reduce(감소), 또 R은 Raise(증가), C는 Create(창조)의 약자로서, ERRC 캔버스는 새로운 아이디어가 도출되었을 때 기존의 것과 비교하며 차별성을 확보할 수 있는 전략이다.

6 래피드 프로토타이핑

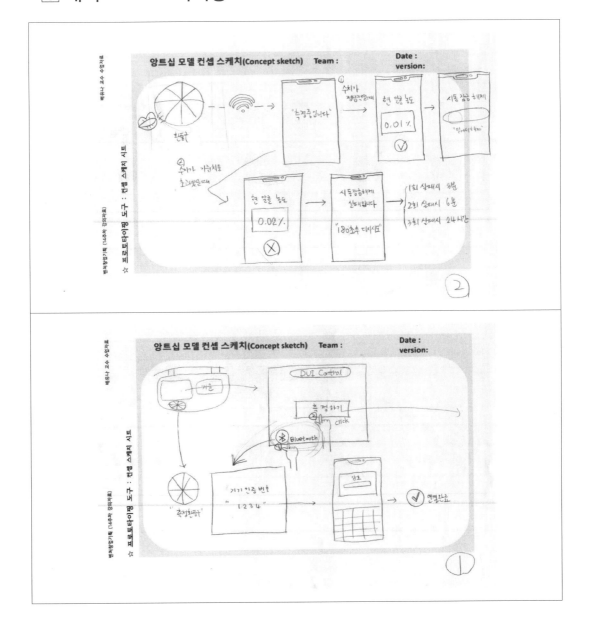

구현단계에서 가장 중요한 것은 래피드 프로토타이핑을 통해 아이디어를 실제로 구현해 내고, 이를 발표하여 피드백을 받는 과정을 통해 아이디어를 정교화하는 것이다. 수업사례에서는 페이퍼 래피드 프로토타입 방법을 활용하여 아이디어를 실제 프로세스로 구현하고 발표와 피드백을 통해 정교화하였다.

⑦ 사회적 파급 이끌기

1) 아이디어 공모전 참가

다양한 아이디어 공모전(구글 검색 시)

공공기관의 아이디어 콘테스트 포스터

 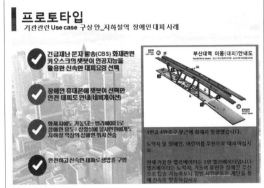

공공기관 아이디어 콘테스트 수상사례

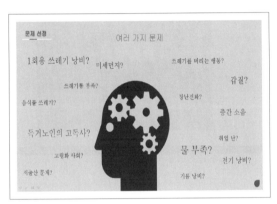 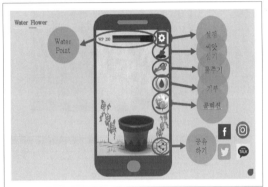

대학 창업 아이디어 콘테스트 수상사례

 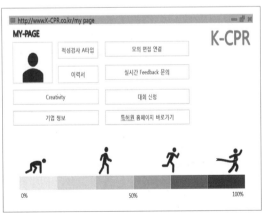

앙트러프러너십 수업 우수사례

　사회적 파급 이끌기 단계는 크라우드 펀딩을 통한 사회적 파급 이끌기, 공모전이나 경진대회에 최종 아이디어를 지원하여 검증받고, 실현하여 사회적 파급 이끌기의 2가지 방법이 소개되었다. 본 사례에서는 공공기관과 대학에서 주최한 경진대회에서 수상한 사례 2가지와 본 책의 앙트러프러너십 프로세스를 활용하여 도출된 우수사례를 실었다.

2) 대학과 지역의 콜라보: 골목 상권 살리기

공감적 문제발견 1

공감적 문제발견 2

창의적 문제해결 1

창의적 문제해결 2

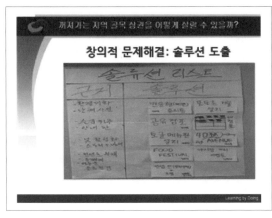

창의적 문제해결 3: 솔루션 도출

솔루션 프로토타입 제작

액션 플랜 작성하기

프로토타입 완성

프로토타입 완성

사회적 파급 1

사회적 파급 2   사회적 파급 3

부록2 개인의 앙트러프러너십 점검표

▶ 가능한 한 솔직하고 신속하게 답해 주십시오.

▶ 문항을 읽고 되도록 성실하게 문항에 대한 점수를 체크하십시오.

▶ 다음 표에 제시되는 25개의 문항을 읽고 1~5까지 점수를 매겨 본인에게 해당되는 것을 선택하십시오. 다음에 제시되는 5단계의 점수는 '전혀 아니다' '가끔 그렇다' '보통이다' '자주 그렇다' '항상 그렇다'로 구분됩니다(1 전혀 아니다 / 2 가끔 그렇다 / 3 보통이다 / 4 자주 그렇다 / 5 항상 그렇다).

번호	단계	문항	점수				
1	앙트러프러너십 전반	문제상황을 잘 살펴보고 누군가 하지 않은 새로운 해결책을 찾고 실행하기를 좋아하는가?	1	2	3	4	5
2		혼자보다는 팀을 이뤄 지속적인 문제해결을 시도하는가?	1	2	3	4	5
3		기존의 일을 자신에게 맞게 바꾸어 실행하는가?	1	2	3	4	5
4		문제를 해결한 노하우를 다른 사람에게 알려 주기를 좋아하는가?	1	2	3	4	5
5		문제를 해결할 때 지역사회와 주변 환경을 고려한 해결책을 찾으려 노력하는가?	1	2	3	4	5
6	공감적 문제발견	일상생활의 문제를 해결하기 위한 아이디어를 평소에도 생각한다.	1	2	3	4	5
7		다른 사람과 생각을 공유하는 방법을 다양하게 가지고 있다.	1	2	3	4	5
8		사람들이 당연하다고 생각하는 것에 의문을 가진다.	1	2	3	4	5
9		다양한 사람들의 의견을 모아서 새로운 문제를 발견한다.	1	2	3	4	5
10		많은 사람과 함께 공감하는 문제발견을 즐긴다.	1	2	3	4	5
11	창의적 문제해결	함께 문제를 해결하기 위해 다른 사람과 협업할 수 있다.	1	2	3	4	5
12		기존의 방법이 아닌 새로운 방법으로 바라보고 해결할 수 있다.	1	2	3	4	5
13		우선순위를 찾아 가장 먼저 해결할 문제를 선정한다.	1	2	3	4	5
14		현재 해결방법에 대해 분석하고 지속발전 가능한 해결방법을 추구한다.	1	2	3	4	5
15		문제상황의 전체적인 흐름을 쉽게 파악한다.	1	2	3	4	5

16	구현	자신이 노력하면 무엇이든 할 수 있다고 생각한다.	1	2	3	4	5
17		내 능력과 노력의 결과로 무엇인가를 이룰 때 성취감을 만끽한다.	1	2	3	4	5
18		이론을 실천하여 현실상황에 맞게 구현하는 것을 좋아한다.	1	2	3	4	5
19		어떤 일에 실패했다고 좌절하지 않고 다시 도전할 수 있다.	1	2	3	4	5
20	사회적 파급	문제의 현재 가능한 해결책을 생각하고, 될 수 있으면 빨리 그 방안을 실천해 본다.	1	2	3	4	5
21		지속적인 배움을 즐긴다.	1	2	3	4	5
22		자신이 이룬 성과를 주변 동료와 함께한다.	1	2	3	4	5
23		장기적인 사회적 문제해결을 위해 지속적인 실천을 한다.	1	2	3	4	5
24		함께하는 가운데 스스로의 주체성을 가지고 활동하는 것을 좋아한다.	1	2	3	4	5
25		생각하는 것을 실현하기 위해 다른 분야의 전문가의 의견도 받아들일 수 있다.	1	2	3	4	5

앙트러프러너십 전반	공감적 문제발견	창의적 문제해결	구현	사회적 파급	합계
점	점	점	점	점	점

1~25점 앙트러프러너십 신생아	**앙트러프러너십을 처음 시작하는 입문자** 자신이 관심 있는 단계부터 읽기
26~50점 앙트러프러너십 학생	**앙트러프러너십의 필요성을 느끼고 배우기 시작한 학생** 앙트러프러너십에 대한 기본적 소양을 위해 책을 전체적으로 읽기
51~75점 앙트러프러너십 시민	**앙트러프러너십에 대한 기본적인 소양을 갖춘 인물** 앙트러프러너십에 대한 전문적인 소양을 갖추기 위해 부족한 단계를 찾아 읽기
101점 이상 앙트러프러너십 전문가	**앙트러프러너십에 대한 생각이 깊고 뛰어난 전문가** 앙트러프러너십을 생활 속에서 실천하고 단계의 연결성을 고려해서 읽기

• 앙트러프러너십 역량분석 그래프 예시

앙트러프러너십 시민단계로 앙트러프러너십에 대한 전문적인 소양을 갖추기 위해 부족한 단계인 **사회적 영향력**과 **구현성** 부분을 읽어 보길 권한다. 공감적 문제발견에 대한 역량이 상대적으로 높아서 팀 활동에서 공감적 문제발견에 기여할 수 있을 것이다.

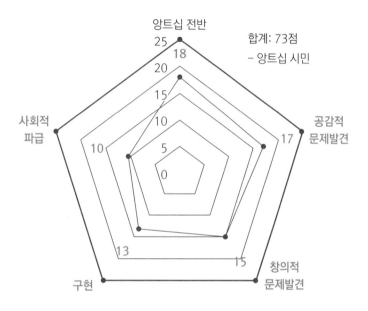

• 앙트러프러너십 역량분석 그래프에 각 단계에서 얻은 점수를 표시해 보십시오.

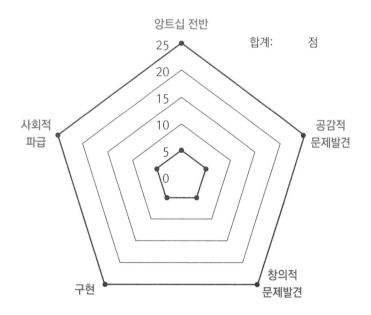

234

부록 3 앙트러프러너십 프로그램의 사후평가

스터플빔(stufflebeam, 2017)이 개발한 프로그램 평가모형(Context evaluation – Input evaluation – Process evaluation – Product evaluation: CIPP)은 다면적이고 전체적인 프로그램의 평가를 하기 위하여 환경(context), 투입(input), 과정(process) 그리고 결과(product), 즉 프로그램 전체를 메타분석하고 평가한다.

환경평가는 프로그램이 도입된 필요성과 목표를 평가하는 과정이다. 이러한 프로그램의 도입 근거와 필요성을 확인하는 과정에서 나타나는 문제들, 프로그램, 활용 가능한 자원, 이해관계자에 대한 분석이다. 프로그램 운영과 관련하는 긍정적 환경 요인뿐만 아니라 잠재적 방해 요인에 대한 종합적이고 전체적인 고려를 통해 교육 프로그램의 타당성과 실현가능성에 대해 판단할 수 있다 (stufflebeam, 2017).

○ 평가 영역
- 요구분석
- 교육목표
- 조직역량

○ 방법: 면담, 공청회, 청문회, 설문조사, 문서검토, 특별진단검사, 워크숍 등

☆ 핵심질문 – 달성되어야 할 목표들은 무엇인가?

- 앙트러프러너십의 가치에 대해 구성원 모두가 충분히 이해한 후 프로그램을 시작했는가?
- 앙트러프러너십 프로그램의 교육목표는 명확하게 진술되어 제시되었는가?
- 실제적 공감적 문제를 해결할 학습자원이 충분히 준비되었는가?
- 앙트러프러너십 프로그램의 표준 교재는 준비되었는가?
- 앙트러프러너십 프로그램을 진행할 팀의 역량은 검증되었는가?
- 앙트러프러너십 프로그램의 실시 전에 퍼실리테이터를 대상으로 하는 사전 워크숍이 실시되었는가?
- 앙트러프러너십 프로그램을 실시하기 위한 물리적 학습환경(팀 작업환경)이 마련되어 있는가?
- 앙트러프러너십 프로그램의 옹호자는 누구였는가?

투입평가에서는 프로그램이 의도하는 목표를 달성하기 위해서 필요한 물적, 인적자원에 대한 분석, 대안적 투입방식에 대한 비판적이고 체계적인 검토를 통하여 실제로 프로그램 운영에 소요된 자원들의 적절성과 효과성을 판단한다.

  ○ 평가 영역

    – 프로그램 기획과 설계

    – 교육내용

    – 강사역량

  ○ 방법: 공청회, 특별세미나, 옹호집단기법

  ☆ 핵심질문 – 절차, 방법으로 어떤 것을 사용할 것인가?

- 앙트러프러너십의 가치에 대한 구성원들의 이해가 있었는가?
- 앙트러프러너십 프로그램에 대한 구성원들의 사전경험 정도, 배경지식은 어떠한가?
- 앙트러프러너십 프로그램의 교육 내용의 위계성은 있는가? 있다면 순서대로 배치되었는가?
- 프로그램에 필요한 학습자원(학습도구, 매뉴얼, 프레젠테이션 자료)은 체계적으로 준비되었는가?
- 앙트러프러너십 프로그램을 운영하기 위한 팀이 정비되었는가? 프로그램 이해관계자는 누구이고, 퍼실리테이터의 역할은 누가 수행하는가? 이질적인 팀을 어떻게 구성하였는가?

과정평가는 운영계획과 비교하였을 때 프로그램이 포함하고 있는 활동이 어떻게 실제로 운영되었는지 평가하는 활동이다. 목표를 달성하기 위하여 필수적인 요소들의 효과성과 프로그램의 진행에 중점을 두고 있다. 프로그램의 활동이 의도한 대로 실행되기 위한 필수적인 요소와 원인과 결과의 연결성을 고려하여 평가한다.

  ○ 평가 영역

    – 운영방법

    – 교수학습활동

    – 지원환경

  ○ 방법: 상담, 면담, 참여관찰, 현장답사, 관련기관 진단검사

  ☆ 핵심질문 – 사용된 절차가 타당한 것인가?

- 앙트러프러너십 프로그램 참가자들은 문제해결과 실천에 대한 확실한 권한을 가지고 있는가?
- 앙트러프러너십 프로그램을 통해 문제해결과 실천에 대한 확실한 권한이 발휘되었는가?

- 팀 빌딩과 팀 구성은 적절하였는가? 다양한 배경을 가진 구성원으로 팀이 구성되었는가? 팀 구성원들의 기본적인 역할이 잘 정해졌는가?
- 퍼실리테이터의 역할은 충분히 구조화되었는가? 공감적 · 실제적 문제에 대한 비전을 주는 데 도움이 되었는가? 도전적인 질문을 통해 깊은 생각을 할 수 있도록 이끌어 주었는가? 갈등 상황을 잘 조정해 주었는가? 학습도구 사용에 능숙하였는가? 중간 정리 및 성찰의 기회를 제공하였는가?
- 팀원은 적극적으로 참여하여 칭찬, 독려, 배려 및 도전적 질문등과 같이 팀 효과성을 높이는 행동을 하였는가?
- 앙트러프러너십 프로그램의 참여율을 높이려는 노력은 하고 있는가?
- 적합한 교육매체를 선정하여 활용하고 있는가?

마지막으로 결과평가는 프로그램의 결과를 측정, 해석, 판단하는 평가활동이다. 결과평가는 의도된 결과뿐만 아니라 의도되지 않는 결과도 포함한다. 즉각적으로 측정 가능한 결과뿐만 아니라 장기적으로 나타나는 결과까지도 평가대상으로 생각한다.

    ○ 평가 영역
      – 만족도
      – 성취도
      – 효과성
      – 지속가능성
    ○ 방법: 목표, 기준, 준거집단과의 비교를 중심으로 공청회, 면담, 사례연구, 집단비교, 배심판단법
    ☆ 핵심질문 – 목표들은 어느 정도로 달성되고 있는가?

- 앙트러프러너십 프로그램에서 공감적 · 실제적 문제를 선정하고 효율적이고 효과적인 결과를 이끌어 냈는가?
- 앙트러프러너십 프로그램에 참여한 팀 구성원들이, 팀 빌딩, 창조적 사고력, 문제해결력 등과 같은 역량이 향상되었는가?
- 앙트러프러너십 프로그램을 지원한 퍼실리테이터의 스킬이 향상되었는가?
- 앙트러프러너십 프로그램은 팀 구성원 간의 지속적인 네트워크 유지를 위한 온/오프라인 연계방안을 가지고 있는가?
- 앙트러프러너십 프로그램의 단계별 산출물 최종 결과물 등을 디지털 플랫폼에 탑재하여 상

호 공유하고 있었는가?

- 앙트러프러너십 프로그램의 성공사례를 선정할 때 팀의 문화가 바뀐 사례가 있는가? 팀별 소감문이나 성찰 저널에 대한 홍보 방안이 있는가?
- 앙트러프러너십 프로그램에 대한 만족도는 확인하였는가?
- 앙트러프러너십 프로그램의 효과성은 분석하였는가?

참고문헌

고주현, 아흐메드(2016). 지속가능한 리더십에 대한 도전: 그라민은행을 중심으로. 한국 세계지역학연구, 34(4), 85-107.

곽노필(2015.05.11.). 뉴욕, 물자 펑펑 쓰는 최악 메가시티. 한겨레. Retrieved from http://www.hani.co.kr/arti/society/society_general/690649.html

교육학용어사전(1995). 갠트 차트. 네이버지식백과. Retrieved from http://terms.naver.com/entry.nhn?docId=509806&cid=42126&categoryId=42126

김경묵(2006). 틀을 깨는 성장 전략. 한국전략경영학회 학술대회발표논문집, 2006(0), 147-174.

김다혜(2017.01.15.). [혁신 아이콘, 미네르바 대학을 아시나요] 합격률 1.9% 학기마다 7개국 돌며 현장현장현장. 중앙일보. Retrived from https://news.joins.com/article/21123862

김동철(2018). 우리가 꼭 한번 만나야 하는 이순신: 이순신 리더십 특강. 인천: 선.

김민정(2015.10.06.). 세계가 캠퍼스인 대학교, 미네르바 스쿨. OPEN COLLEGE. Retrieved from https://www.opencollege.kr/stories/370

김민주(2016.06.02.). 버려진 쓰레기, '패션'으로 되살아나다. 비즈한국. Retrieved from https://bizhankook.com/bk/articlePrint/10671

김자인(2015). 디스쿨(d.School)의 디자인사고 교육. 디지털디자인학연구, 15(4), 97-108.

김지윤, 이승재(2015.10.27.). [특별한동아리] "꿈을 향해 두드리는 리듬, 신명나고 유쾌한 난타!" 영등포공고 난타 동아리 '리듬 앤 스쿨'. jobjoy. Retrieved from http://m.jobnjoy.com/mobile/joytip/study_fun_view.jsp?nidx=115239&depth1=2&depth2=3&depth3=4

김태훈(2014). 그러나 이순신이 있었다. 인천: 일상과이상.

나무위키(2019.01.27.). 그라민은행. Retrieved from https://namu.wiki/w/%EA%B7%B8%EB%9D%BC%EB%AF%BC%20%EC%9D%80%ED%96%89

나일주(2007). 교육공학 관련 이론. 경기: 교육과학사.

노병천(2014). 명량 진짜이야기. 서울: 바램.

메리고든 초상화 Retrieved from https://www.dundurn.com/authors/Mary-Gordon

미네르바 대학 공식홈페이지. Retrieved from https://www.minerva.kgi.edu

박수홍, 안영식, 정주영(2010). 조직 및 지역의 창조적 변화를 이끄는 체계적 액션러닝. 서울: 학지사.

박수홍, 장재혁, 조영재, 김태헌, 이승민, 장명호, 김민선, 오슬기, 정주훈(2017). 4차 산업혁명 시대의 교육시스템 디자인. 부산: 아이엠쿱.

박웅현, TBWA 0팀 외 1명(2015). 사람은 누구나 폭탄이다. 서울: 열린책들.

박웅현, 김재호 외 12명(2017). 안녕 돈키호테. 서울: 민음사.

변현정(2015). 디자인 사고과정(Design Thinking Process) 경험이 대학생 창의성 계발에 미치는 영향. 창의력교육연구, 15(3), 149-167.

비즈웹코리아 책길(2017.3.13.). 아라빈드 안과병원에서 배우는 비즈니스모델 혁신 (서비스 프로세스혁신). 도서출판 책길 -현업에서 활용할 수 있는 실용적 정보. Retrieved from https://m.blog.naver.com/PostView.nhn?blogId=bizwebkorea&logNo=220956275057&proxyReferer=https%3A%2F%2Fwww.google.com%2F

새갈마노(2010.05.27.). 공감의 뿌리, 이후. 새갈마노. Retrieved from http://m.eswn.kr/news/articleView.html?idxno=814

설지연(2018.06.14.). [Global CEO & Issue focus] 카트리나 레이크 스티치픽스 CEO "바쁜 당신 위해 대신 옷 골라줄게요". 한국경제. Retrieved from http://news.hankyung.com/article/2018061430231

소니를 말하다(2011.05.06.). 탤런트 최여진, 작가 오중석이 함께한 VAIO S 필러 영상 공개! 소니 스타일을 말하다. Retrieved from http://www.stylezineblog.com/1697

시사경제용어사전(2017). SWOT분석. 네이버지식백과. Retrieved from http://terms.naver.com/entry.nhn?docId=300471&cid=43665&categoryId=43665

오브로(2016.07.21.). 와이어 프레임의 중요성. 웹디자이너의 책상. Retrieved from https://brunch.co.kr/@5bro/37

왕량(2012). 1662년 이전 네덜란드 동인도회사의 東아시아무역에 관한 연구. 석사학위논문, 부산대학교.

위키백과(2019.01.23.). 훈민정음. Retrieved from https://ko.wikipedia.org/wiki/%ED%9B%88%EB%AF%BC%EC%A0%95%EC%9D%8C

위키백과(2019.02.09.). 요한 아모스 코메니우스. Retrieved from https://ko.wikipedia.org/wiki/%EC%9A%94%ED%95%9C_%EC%95%84%EB%AA%A8%EC%8A%A4_%EC%BD%94%EB%A9%94%EB%8B%88%EC%9A%B0%EC%8A%A4

위키백과(2019.02.21.). 3차원 인쇄. Retrieved from https://ko.wikipedia.org/wiki/3%EC%B0%A8%EC%9B%90_%EC%9D%B8%EC%87%84

윤옥한(2017). STEAM 교육을 위한 교수체제설계 모형 탐색 – Design Thinking을 중심으로. 교양교육연구, 11(1), 443–474.

이리스 브라운(2013.12.). 3D 프린팅과 프로토타이핑. Goethe Institut Korea. Retrieved from https://www.goethe.de/ins/kr/ko/kul/mag/20377810.html

이민화(2016). 기업가정신 2.0. 서울: 창조경제연구회.

이재은(2018.12.02.). 인공지능이 옷 만든다… 패션도 'AI 열풍'. 조선비즈. Retrieved from http://biz.chosun.com/site/data/html_dir/2018/11/30/2018113002436.html

이종현(2017.11.10.). [이코노미조선] AI가 취향껏 옷 골라줘… 4조4800억 원 가치 美 패션기업. 조선비즈. Retrieved from http://biz.chosun.com/site/data/html_dir/2017/11/09/2017110901841.html

임솔(2015.08.28.). 진료비 안 받고도 성공한 인도 안과병원 '존재만으로 가치 있는 병원이 되라'. 조선비즈. Retrieved from http://biz.chosun.com/site/data/html_dir/2015/08/28/2015082802334.html

장용승(2018.08.23.). [글로벌 트렌드] AI 품은 fashion… "당신의 취향·체형 딱 맞는 옷 골라드리죠". 매일경제. Retrieved from http://news.mk.co.kr/newsRead.php?year=2018&no=528629

전민수(2016.11.14.). 좋은 프로토타이핑 툴 선택하는 방법. UX 디자인배우기. Retrieved from https://brunch.co.kr/@ebprux/217

전영선(2017.08.12.). [뉴스 속으로] 인공지능이 골라준 옷 어때요 … 패션계 넷플릭스 떴다. 중앙일보. Retrieved from https://news.joins.com/article/21838074

정광(2015). 한글의 발명. 서울: 김영사.

정혜인(2014.10.02.). Trash is art. Visla. Retrieved from http://visla.kr/?p=12058

조영수(2016.05.29.). 한 번쯤 들어봤던 화면설계 & 프로토타이핑 툴 총정리. 웹 기획. Retrieved from https://brunch.co.kr/@cysstory/103

조영재, 박수홍(2017). 지식창조시대 교육디자이너의 앙트러프러너십 역량증진 프로그램 개발의 출발점 분석. 교육혁신연구, 27(1), 21-44.

조은비(2015.07.09.). 앤디 워홀 라이브-20세기 팝 아트의 거장 앤디 워홀. SK hynix blog. Retrieved from http://blog.skhynix.com/1300

주경철. (2005). 특집: 세계화의 역사와 패권 경쟁; 네덜란드 동인도회사와 아시아 교역: 세계화의 초기 단계. 미국학, 28, 1-32.

최강림(2016). 노후주거지 재생을 위한 범죄예방 환경디자인 사업 사례연구. 한국실내디자인학회 논문집, 25(5), 16-30.

최진아, 조우석.(2006). (주)PMC 프로덕션- 난타의 성공과 해외 진출. Korea Business Review, 9(2), 175-189.

타인의 감정을 읽다, 공감의 뿌리를 내리다. 메리고든[웹사이트]. URL: http://www.benefit.is/pview_17969

표원지, 하환호(2015). 소규모 창업기업의 사업진단과 컨설팅을 위한 비즈니스모델캔버스의 활용 사례연구. 한국콘텐츠학회논문지, 15(10), 561-569.

프라이탁 플래그십 스토어[웹사이트]. URL: https://www.myswitzerland.com/ko/freitag-shop-zuerich.html

허미경(2010.06.04.). 지금 이 아기는 세상을 바꾸는 중입니다. 한겨레. Retrieved from http://www.hani.co.kr/arti/culture/book/424089.html

휴머니타스 테크놀로지(2013). 프로토타이핑. 네이버지식백과. Retrieved from http://terms.naver.com/entry.nhn?docId=1691522&cid=42171&categoryId=42190

Andy Warhol. Campbell's Soup Cans. 1962 | MoMA[website]. URL: https://www.moma.org/collection/works/79809

Barnes, S. (2017.04.16.). What is 3D Printing?. Access Devices Asia. Retrieved from https://accessdevicesasia.com/what-is-3d-printing/

Birchbox. https://www.birchbox.com

Cheng, J. (2010.03.24.). Blockbuster gets deal that Netflix, Redbox couldn't. ars technica. Retrieved from https://arstechnica.com/information-technology/2010/03/blockbuster-gets-deal-that-netflix-redbox-couldnt/

Choi(2016.01.26.). [Beaty box] ②버치박스. Choilog. Retrieved from https://p3294.blog.me/220609581785

Comenius - Interview, http://www.rhinodidactics.de/

Comenius, J. A. (1657). 세계도회: 세계최초의 삽화본 범지 교과서 (이원호 역). 서울:아름다

운세상. (원서출판 1998)

Crowe, T. D., & Fennelly, L. J. (2016). 셉테드: 범죄예방설계 (한국셉테드학회 편찬위원회 역). 서울: 기문당. (원서출판 2013).

DiD편집장 (2016.02.06.). 12강 게임 개발 방법론. Dream pf IT & Design. Retrieved from https://m.blog.naver.com/PostView.nhn?blogId=hongik_lab&logNo=220 620089688&proxyReferer=https%3A%2F%2Fwww.google.co.kr%2F

EBS 지식채널e. '최고의 자격'(2008년 9월 8일 방송).

Freitag, D. (2012.08.27.). FROM TRUCK TILL BAG. Freitag. Retrieved from https://www.freitag.ch/en/about/production

Gemperlethe, O. (2005.04.15.). BIRTH OF FREITAG. Freitag. Retrieved from https://www.freitag.ch/en/about/history

Gordon, M. (2010). 공감의 뿌리 (문희경 역). 서울: 샨티. (원서출판 2009).

Horowitz, R. (2003). 누구나 창의적인 사람이 될 수 있다 (김준식 역). 서울: FKI미디어.

INTERFACES/FONDS ANCIENS BU LYON(2014. 11. 24.). Comenius, un pédagogue d'avant-garde. BIBLIOTHÈQUE DIDEROT DE LYON. Retrieved from https://bibulyon.hypotheses.org/5379

Katzenbach, J. R., & Smith, D. K. (1993). The Wisdom of Teams: Creating The High-Performance Organization. Boston MA: Harvard Business School Press.

Klaus Schaller. (2013.08.01.). Comenius-Interview. rhino didactics. Retrieved from http://www.rhinodidactics.de/Artikel/Comenius_Interview_2013-08-01.html

KWANGSU. (2012.05.16.). The Business Model Canvas. Park's Park. Retrived from https://soulpark.wordpress.com/2012/03/16/the-business-model-canvas/

Love the Problem[blog]. URL: https://blog.leanstack.com

Muhammad Yunus(2002). 가난한 사람들을 위한 은행가 (정재곤 역). 서울: 세상사람들의 책.

MyLoveKBS. (2018.04.23.). 떵동, 뷰티 배달왔습니다! 버치박스(BIRCHBOX). 네이버 포스트. Retrieved from https://m.post.naver.com/viewer/postView.nhn?volumeN o=15248642&memberNo=23163643&vType=VERTICAL

NYC Garbage[website]. URL: www.nycgarbage.com

Osterwalder, A., & Pigneur, Y. (2010). Business Model Generation: A handbook forvisionaries, game changers and challengers. John Wiley and Sons, Inc., Hoboken, New Jersey

Press-NYC Garbage[website]. URL: http://nycgarbage.com/press/

Schein, E. H. (2014). 내 생애 커리어 앵커를 찾아서 (박수홍 역). 서울: 학지사. (원서출판 2013).

Senge, P. (1990). The Leader's New Work: Building Learning Organizations. Sloan Management Review, 32(1), 7-24.

TBWA주니어보드와망치, 박웅현(2016). 망치. 서울: 루페.

THE NANTA(공식홈페이지)[website]. URL: www.nanta.co.kr

Weatherford, J. (2017). 칭기스칸, 신 앞에 평등한 제국을 꿈꾸다 (이종인 역). 서울: 책과함께. (원서출판 2017).

石塚 しのぶ(2010). 아마존은 왜 최고가에 자포스를 인수했나 (이건호 역). 서울: 북로그컴퍼니. (원서출판 2009).

참고문헌 리스트 분야별

앙트러프러너십 개념 소개

TBWA주니어보드와망치, 박웅현(2016). 망치. 서울: 루페.

박웅현, TBWA 0팀 외 1명(2015). 사람은 누구나 폭탄이다. 서울: 열린책들.

박웅현, 김재호 외 12명(2017). 안녕 돈키호테. 서울: 민음사.

이민화(2016). 기업가정신 2.0. 서울: 창조경제연구회.

조영재, 박수홍(2017). 지식창조시대 교육디자이너의 앙트러프러너십 역량증진 프로그램 개발의 출발점 분석. 교육혁신연구, 27(1), 21-44.

난타

THE NANTA(공식홈페이지) Retrieved from www.nanta.co.kr

김경묵(2006). 틀을 깨는 성장 전략. 한국전략경영학회 학술대회발표논문집, 2006(0), 147-174.

김지윤, 이승재(2015.10.27.)[특별한동아리] "꿈을 향해 두드리는 리듬, 신명나고 유쾌한 난타!" 영등포공고 난타 동아리 '리듬 앤 스쿨'. jobjoy. Retrieved from http://m.jobnjoy.com/mobile/joytip/study_fun_view.jsp?nidx=115239&depth1=2&depth2=3&depth3=4

최진아, 조우석.(2006). (주)PMC 프로덕션- 난타의 성공과 해외 진출.?Korea Business Review,?9(2), 175-189.

넷플릭스

Cheng, J.(2010.03.24.). Blockbuster gets deal that Netflix, Redbox couldn't. ars technica. Retrieved from https://arstechnica.com/information-technology/2010/03/blockbuster-gets-deal-that-netflix-redbox-couldnt/

스티치픽스

김우중(2021.2.12.). 스티치픽스는 어떻게 첫 1000개의 주문을 따냈을까?. Retrieved from https://brunch.co.kr/@clickb7402/70

강정수(2021.9.27). 인공지능이 패션산업을 바꿀 수 있을까. Retrieved from https://excitingfx.kr/stitchfix2109/

설지연(2018.06.14.). [Global CEO & Issue focus] 카트리나 레이크 스티치픽스 CEO

"바쁜 당신 위해 대신 옷 골라줄게요". 한국경제. Retrieved from http://news.hankyung.com/article/2018061430231

이재은(2018.12.02.). 인공지능이 옷 만든다… 패션도 'AI 열풍'. 조선비즈. Retrieved from http://biz.chosun.com/site/data/html_dir/2018/11/30/2018113002436.html

이종현(2017.11.10.). [이코노미조선] AI가 취향껏 옷 골라줘… 4조4800억원 가치 美 패션기업. 조선비즈. Retrieved from http://biz.chosun.com/site/data/html_dir/2017/11/09/2017110901841.html

장용승(2018.08.23.). [글로벌 트렌드] AI 품은 fashion… "당신의 취향·체형 딱 맞는 옷 골라드리죠". 매일경제. Retrieved from http://news.mk.co.kr/newsRead.php?year=2018&no=528629 스티치픽스

전영선(2017.08.12.). [뉴스 속으로] 인공지능이 골라준 옷 어때요 … 패션계 넷플릭스 떴다. 중앙일보. Retrieved from https://news.joins.com/article/21838074

정브랜(2021.3.1). 패션계의 넷플릭스, 스티치픽스의 성장은 지속될까?. Retrieved from https://edge-s.tistory.com/7

앤디 워홀

조은비(2015.07.09.). 앤디 워홀 라이브-20세기 팝 아트의 거장 앤디 워홀. SK hynix blog. Retrieved from ?http://blog.skhynix.com/1300

Andy Warhol. Campbell's Soup Cans. 1962 | MoMA[website]. Retrieved from https://www.moma.org/collection/works/79809

저스틴 지낙

NYC Garbage[website]. URL: www.nycgarbage.com

Press-NYC Garbage[website]. URL: http://nycgarbage.com/press/

곽노필(2015.05.11.). 뉴욕, 물자 펑펑 쓰는 최악 메가시티. 한겨레. Retrieved from http://www.hani.co.kr/arti/society/society_general/690649.html

정혜인(2014.10.02.). Trash is art. Visla. Retrieved from http://visla.kr/?p=12058

프라이탁

Freitag, D. (2012.08.27.). FROM TRUCK TILL BAG. Freitag. Retrieved from https://www.freitag.ch/en/about/production

Gemperlethe, O.(2005.04.15.). BIRTH OF FREITAG. Freitag. Retrieved from https://

www.freitag.ch/en/about/history

김민주(2016.06.02.). 버려진 쓰레기, '패션'으로 되살아나다. 비즈한국. Retrieved from https://bizhankook.com/bk/articlePrint/10671

프라이탁 플래그십 스토어. Retrieved from https://www.myswitzerland.com/ko/freitag-shop-zuerich.html

앙트러프러너십 역량개발 프로세스

교육학용어사전(1995). 간트 차트. 네이버지식백과. Retrieved from http://terms.naver.com/entry.nhn?docId=509806&cid=42126&categoryId=42126

나일주(2007). 교육공학 관련 이론. 경기: 교육과학사.

박수홍, 안영식, 정주영(2010). 조직 및 지역의 창조적 변화를 이끄는 체계적 액션러닝. 서울: 학지사.

소니를 말하다(2011.05.06.). 탤런트 최여진, 작가 오중석이 함께한 VAIO S 필러 영상 공개! 소니 스타일을 말하다. Retrieved from http://www.stylezineblog.com/1697

시사경제용어사전(2017). SWOT분석. 네이버지식백과. Retrieved from http://terms.naver.com/entry.nhn?docId=300471&cid=43665&categoryId=43665

오브로(2016.07.21.). 와이어 프레임의 중요성. 웹디자이너의 책상. Retrieved from https://brunch.co.kr/@5bro/37

윤옥한(2017). STEAM 교육을 위한 교수체제설계 모형 탐색- Design Thinking을 중심으로. 교양교육연구, 11(1), 443-474.

위키백과(2019.02.21.). 3차원 인쇄. Retrieved from https://ko.wikipedia.org/wiki/3%EC%B0%A8%EC%9B%90_%EC%9D%B8%EC%87%84

이리스 브라운(2013.12). 3D 프린팅과 프로토타이핑. Goethe Institut Korea. Retrieved from https://www.goethe.de/ins/kr/ko/kul/mag/20377810.html

전민수(2016.11.14.). 좋은 프로토타이핑 툴 선택하는 방법. UX 디자인배우기. Retrieved from https://brunch.co.kr/@ebprux/217

조영수(2016.05.29.). 한 번쯤 들어봤던 화면설계 & 프로토타이핑 툴 총정리. 웹 기획. Retrieved from https://brunch.co.kr/@cysstory/103

표원지, 하환호(2015). 소규모 창업기업의 사업진단과 컨설팅을 위한 비즈니스모델캔버스의 활용 사례연구. 한국콘텐츠학회논문지 15(10), 561-569.

휴머니타스 테크놀로지(2013). 프로토타이핑. 네이버지식백과. Retrieved from http://terms.naver.com/entry.nhn?docId=1691522&cid=42171&categoryId=42190

Barnes, S. (2017.04.16.). What is 3D Printing?. Access Devices Asia. Retrieved from
    https://accessdevicesasia.com/what-is-3d-printing/

DiD편집장(2016.02.06.). 12강 게임 개발 방법론. Dream pf IT & Design. Retrieved
    from https://m.blog.naver.com/PostView.nhn?blogId=hongik_lab&logNo=220
    620089688&proxyReferer=https%3A%2F%2Fwww.google.co.kr%2F

Horowitz, R. (2003). 누구나 창의적인 사람이 될 수 있다 (김준식 역). 서울:FKI미디어.

Katzenbach, J. R., & Smith, D. K. (1993). The Wisdom of Teams: Creating The High-
    Performance Organization. Boston MA: Harvard Business School Press.

KWANGSU(2012.05.16.). The Business Model Canvas. Park's Park. Retrived from
    https://soulpark.wordpress.com/2012/03/16/the-business-model-canvas/

Love the Problem[blog]. Retrieved from https://blog.leanstack.com

Osterwalder, A., & Pigneur, Y. (2010). Business Model Generation: A handbook
    forvisionaries, game changers and challengers. John Wiley and Sons, Inc.,
    Hoboken, New Jersey

Schein, E. H. (2014). 내 생애 커리어 앵커를 찾아서 (박수홍 역). 서울: 학지사. (원서출판
    2013).

Senge, P. (1990). The Leader's New Work: Building Learning Organizations. *Sloan
    Management Review, 32*(1), 7-24.

셉테드

최강림(2016). 노후주거지 재생을 위한 범죄예방 환경디자인 사업 사례연구. 한국실내디
    자인학회 논문집, 25(5), 16-30.

Crowe, T. D., & Fennelly, L. J. (2016). 셉테드: 범죄예방설계 (한국셉테드학회 편찬위원회
    역). 서울: 기문당. (원서출판 2013)

징기스칸

Weatherford, J. (2017). 칭기스칸, 신 앞에 평등한 제국을 꿈꾸다 (이종인 역). 서울: 책과함
    께. (원서출판 2017)

디자인싱킹

김자인(2015). 디스쿨(d.School)의 디자인사고 교육. 디지털디자인학연구, 15(4), 97-108.

변현정(2015). 디자인 사고과정(Design Thinking Process) 경험이 대학생 창의성 계발에

미치는 영향. 창의력교육연구, 15(3), 149-167.

이순신

김동철(2018). 우리가 꼭 한번 만나야 하는 이순신: 이순신 리더십 특강. 인천: 선.

김태훈(2014). 그러나 이순신이 있었다. 인천: 일상과이상.

노병천(2014). 명량 진짜이야기. 서울: 바램.

자포스

石塚 しのぶ(2010). 아마존은 왜 최고가에 자포스를 인수했나 (이건호 역). 서울: 북로그컴퍼
　　니. (원서출판 2009).

공감의 뿌리

Gordon, M. (2010). 공감의 뿌리 (문희경 역). 서울: 샨티. (원서출판 2009).

메리고든 초상화[웹사이트]. URL: https://www.dundurn.com/authors/Mary-Gordon

새갈마노(2010.05.27.) 공감의 뿌리, 이후. 새갈마노. Retrieved from http://m.eswn.kr/
　　news/articleView.html?idxno=814

타인의 감정을 읽다, 공감의 뿌리를 내리다. 메리고든[웹사이트]. URL: http://www.
　　benefit.is/pview_17969

허미경(2010.06.04.). 지금 이 아기는 세상을 바꾸는 중입니다. 한겨레. Retrieved from
　　http://www.hani.co.kr/arti/culture/book/424089.html

미네르바 대학

김다혜(2017.01.15.). [혁신 아이콘, 미네르바 대학을 아시나요] 합격률 1.9% 학기마다
　　7개국 돌며 현장현장현장… 중앙일보. Retrived from https://news.joins.com/
　　article/21123862

김민정(2015.10.06.). 세계가 캠퍼스인 대학교, 미네르바 스쿨. OPEN COLLEGE.
　　Retrieved from https://www.opencollege.kr/stories/370

미네르바 대학 공식홈페이지[웹사이트]. URL: https://www.minerva.kgi.edu/

박수홍, 장재혁, 조영재, 김태헌, 이승민, 장명호, 김민선, 오슬기, 정주훈(2017). 4차 산업
　　혁명 시대의 교육시스템 디자인. 부산: 아이엠쿱.

세계도회

Comenius, J. A. (1657). 세계도회: 세계최초의 삽화본 범지 교과서 (이원호 역). 서울:아름다운세상. (원서출판 1998)

INTERFACES/FONDS ANCIENS BU LYON(2014. 11. 24.). Comenius, un pedagogue d'avant-garde. BIBLIOTHEQUE DIDEROT DE LYON. Retrieved from https://bibulyon.hypotheses.org/5379

Klaus Schaller(2013.08.01.). Comenius-Interview. rhino didactics. Retrieved from http://www.rhinodidactics.de/Artikel/Comenius_Interview_2013-08-01.html

위키백과(2019.02.09.). 요한 아모스 코메니우스. Retrieved from https://ko.wikipedia.org/wiki/%EC%9A%94%ED%95%9C_%EC%95%84%EB%AA%A8%EC%8A%A4_%EC%BD%94%EB%A9%94%EB%8B%88%EC%9A%B0%EC%8A%A4

그라민은행

Muhammad Yunus(2002). 가난한 사람들을 위한 은행가 (정재곤 역). 서울: 세상사람들의 책.

고주현, 아흐메드(2016). 지속가능한 리더십에 대한 도전: 그라민은행을 중심으로. 한국세계지역학연구, 34(4), 85-107.

나무위키(2019.01.27.). 그라민은행. Retrieved from https://namu.wiki/w/%EA%B7%B8%EB%9D%BC%EB%AF%BC%20%EC%9D%80%ED%96%89 그라민은행 조영재

EBS 지식채널e. '최고의 자격'(2008년 9월 8일 방송).

버치박스

Birchbox. https://www.birchbox.com

Choi(2016.01.26.). [Beaty box] ②버치박스. Choilog. Retrieved from https://p3294.blog.me/220609581785

MyLoveKBS(2018.04.23.). 떵동, 뷰티 배달왔습니다! 버치박스(BIRCHBOX). 네이버 포스트. Retrieved from https://m.post.naver.com/viewer/postView.nhn?volumeNo=15248642&memberNo=23163643&vType=VERTICAL

아라빈드병원

비즈웹코리아 책길(2017.3.13.). 아라빈드 안과병원에서 배우는 비즈니스모델 혁신

(서비스 프로세스혁신). 도서출판 책길 -현업에서 활용할 수 있는 실용적 정보. Retrieved from https://m.blog.naver.com/PostView.nhn?blogId=bizwebkorea& logNo=220956275057&proxyReferer=https%3A%2F%2Fwww.google.com%2F

임솔(2015.08.28.). 진료비 안 받고도 성공한 인도 안과병원 '존재만으로 가치 있는 병원이 되라'. 조선비즈. Retrieved from http://biz.chosun.com/site/data/html_dir/2015/08/28/2015082802334.html

훈민정음

위키백과(2019.01.23.). 훈민정음. Retrieved from https://ko.wikipedia.org/wiki/%ED%9B%88%EB%AF%BC%EC%A0%95%EC%9D%8C

정광(2015). 한글의 발명. 서울: 김영사.

부록

Stufflebeam, D. L. (2000). Lessons in contracting for evaluations. *The American Journal of Evaluation, 21,* 293~314.

Stufflebeam, D. L. (2003). *The CIPP Model for Evaluation.* Presentedat the 2003 Annual Conference of the Oregon Program.

Evaluators Network(OPEN).

Stufflebeam, D. L. Guili Zhang(2017). *The Cipp Evaluation Model: How to Evaluate for Improvement and Accountability.* Guilford Pubn

정경열(2011). CIPP에 기반한 과학관 과학기술교육프로그램의 평가준거 개발. 석사학위논문, 충남대학교.

정진국(2000). 교육 개선을 위한 CIPP 평가모형의 특징과 적용방법. 교육학논총, 21(2), 103~121.

저자 소개

박수홍(PARK, Suhong)

앙트러프러너십 역량강화, 체계적 액션러닝 프로그램 운영, 커리어앵커 기반 진로 및 경력 디자인, 글로벌HRD, 교육디자이너 양성, 시니어 진로지도자 양성, 사회적 기업에 많은 관심을 가지고 있다. 현재 부산대학교 교육학과 교수로 근무하고 있다.

suhongpark@pusan.ac.kr

조영재(JO, Youngjae)

앙트러프러너십 역량개발과 배움이 놀이가 되고 삶이 되는 호모루덴스에 관심을 가지고 있다. 부산대학교 교육공학 박사이며, 현재 경남대학교 대학혁신지원사업단 조교수로 근무하고 있다.

sikmul79@naver.com

문영진(MOON, Youngjin)

앙트러프러너십 역량개발과정설계, 프로젝트기반학습, 액션러닝, 인공지능을 활용한 교수학습과정설계에 관심을 가지고 있다. 부산대학교 교육공학 박사이며 부산대학교 교육학과 강사이다.

hmyojin@naver.com

김미호(KIM, Miho)

숙의적 대화, 비판적 사고, 인문학에 기반한 역량 중심 교양 교육과 세계 시민 교육에 관심이 많다. 대입 논술 강의 및 town-meeting 기획 경력을 가지고 있으며, 부산대학교 교육학과 박사과정(교육과정 및 교육방법 전공)을 수료하고, 현재 'BK21FOUR 교육의 사회적 책임 연구단'에서 연구생으로 참여 중이다.

goodmiho@gmail.com

김효정(KIM, Hyojeong)
커리어앵커와 강점기반 컨설팅, 앙트러프러너십 역량개발, 액션러닝 기반의 교수설계에 관심을 가지고 있다. 부산대학교 교육공학 박사이며, 현재 부산대학교 따뜻한교육공동체연구센터에 전임연구원으로 근무하고 있다.
hj800@naver.com

배진호(BAI, Jinho)
커리어앵커, 앙트러프러너십, 챗봇 시나리오 설계, 경력개발 등에 관심을 가지고 있다. 현재 부산대학교 교육학과 박사과정을 수료하였으며 현장에서 앙트러프러너십과 교육 디자인 관련 경험을 위해 동의대학교의 교수학습개발센터에서 연구원으로 있다.
dqm2001@gmail.com

오동주(OH, Dongju)
대학생을 위한 진로교육, 커리어앵커, 앙트러프러너십 역량교육, 온오프라인 액션러닝 프로그램에 대한 관심을 가지고 연구 중이며 최근에는 교육분야에 인공지능을 적용하기 위한 방안에 관심이 있다. 부산대학교 교육공학 박사이며, 부산광역시 교육청 장학사로 근무하고 있다.
bsbodj@hanmail.net

배유나(BAE, Yuna)
앙트러프러너십 역량개발, 게이미피케이션 기반 교육, 커리어앵커 기반 조직/경력개발, 액션러닝 교수설계, 창의융합 교육에 관심이 있으며 Babson college SEE 프로그램을 이수하였다. 거제대학교 교수학습지원센터에서 연구교수로 재직하였고 BK, SSK 연구원으로 재직하며 다수의 대학에 출강하였다. 현재 대동대학교 영유아보육과 조교수, 교수학습혁신센터장으로 근무하고 있다.
shssangel1004@hanmail.net

기업가정신을 넘어, 미래사회의 혁신역량
앙트러프러너십 어떻게 키울까

2022년 3월 5일 1판 1쇄 인쇄
2022년 3월 10일 1판 1쇄 발행

지은이 • 박수홍 · 조영재 · 문영진 · 김미호 · 김효정 · 배진호 · 오동주 · 배유나
펴낸이 • 김진환
펴낸곳 • (주) **학지사**

       04031 서울특별시 마포구 양화로 15길 20 마인드월드빌딩
대표전화 • 02)330-5114   팩스 • 02)324-2345
등록번호 • 제313-2006-000265호

홈페이지 • http://www.hakjisa.co.kr
페이스북 • https://www.facebook.com/hakjisa

ISBN 978-89-997-1791-8   03370

정가 15,000원

출판 · 교육 · 미디어기업 **학지사**

간호보건의학출판 **학지사메디컬** www.hakjisamd.co.kr
심리검사연구소 **인싸이트** www.inpsyt.co.kr
학술논문서비스 **뉴논문** www.newnonmun.com
교육연수원 **카운피아** www.counpia.com